6.75

Dejar a Dios ser Dios

Colección «EL POZO DE SIQUEM»
28

Carlos G. Vallés

DEJAR A DIOS
SER DIOS

Imágenes de la Divinidad

(8.ª edición)

Editorial SAL TERRAE
Santander

1.ª edición: Marzo 1987   (5.000 ejemplares)
2.ª edición: Julio 1988   (5.000 ejemplares)
3.ª edición: Agosto 1989   (5.000 ejemplares)
4.ª edición: Abril 1990   (5.000 ejemplares)
5.ª edición: Junio 1991   (5.000 ejemplares)
6.ª edición: Abril 1992   (5.000 ejemplares)
7.ª edición: Abril 1993   (5.000 ejemplares)
8.ª edición: Abril 1994   (5.000 ejemplares)

© 1987 by Editorial Sal Terrae
Polígono de Raos, Parcela 14-I
39600 Maliaño (Cantabria)

Con las debidas licencias
Impreso en España. Printed in Spain
ISBN: 84-293-0965-6
Dep. Legal: BI-442-94

Impresión y encuadernación:
Grafo, S.A. - Bilbao

«*Las imágenes, he de suponer, sirven de algo; de lo contrario, no serían tan populares. (Poco importa que sean cuadros o estatuas fuera de la mente o productos de la imaginación dentro de ella). Sin embargo, su peligro es para mí evidente. Imágenes del 'Santo' fácilmente se hacen ellas mismas santas, sacrosantas, aun cuando, de hecho, no lo son. Mi idea de la divinidad no es ella misma divina. Mi idea de Dios ha de ser hecha pedazos una y otra vez. Dios mismo se encarga de ello. El es el gran iconoclasta. ¿No podríamos casi decir que ese hacer pedazos su propia imagen es uno de los signos de su presencia? La encarnación es el ejemplo supremo: deja todas las previas ideas del Mesías reducidas a polvo. A muchos les ofende esta destrucción de imágenes antes veneradas. ¡Bienaventurado el que no se escandaliza de ello!*»

C. S. Lewis

Índice

Nace un libro

Mi amigo, el poeta y escritor Umáshankar Yoshi, dice que Dios da editores a los escritores para que les hagan escribir. La literatura sería mucho más pobre sin editores que empujan la pluma siempre difícil en manos del escritor y animaran su pensar. Y no sólo se trata de hacer escribir, sino de indicar, proponer, criticar y reflejar, con la inteligencia práctica de la que carece el escritor, las posibilidades concretas del momento literario al que hay que acercarse. Sé por experiencia que nada ayuda más a un autor en la concepción y planificación de sus libros que una charla inteligente con un editor amigo.

Así es como, en una charla con Jesús García-Abril, le explicaba yo la media docena de libros por escribir que me andaban rondando la cabeza; él escuchó, y al final dijo con una seguridad que me impresionó: «De todos ésos, el que más me interesa es el último que has mencionado». Ese era este libro. Yo más bien lo tenía al final de la cola, pero el interés decidido que él demostró con veredicto inequívoco le hizo saltar al primer puesto, y desde aquel instante supe que no podría escribir otro libro antes de acabar con éste. Una vez desencadenado el proceso vital que da cuerpo a

*un libro, no hay nada ni nadie que pueda frenarlo,
gestación implacable en ley de naturaleza hasta el par-
to feliz. Así ha sucedido en este caso, en medio de mi
propia alegría y gratitud.*

*Me hizo otro favor García-Abril. Con el gesto fácil
del editor que conoce la materia, colocó en mis manos
un libro de pequeño volumen y largo título: «Creer,
sólo se puede en Dios. En Dios sólo se puede creer»
de José Ignacio González Faus. «Te gustará», me dijo,
«y probablemente te ayudará». Así fue. El breve y dis-
ciplinado texto enumeraba en profundidad las diversas imágenes de Dios que yo mismo quería tratar. El
subtítulo del libro (por si fuera poco el largo título)
rezaba: «Ensayos sobre las imágenes de Dios en el
mundo actual», que era precisamente el foco de lo que
yo quería pensar. El ver ese tratado tan firme y exacto fue un inmenso apoyo moral y me proporcionó una
síntesis secreta de mi futuro libro. Sin ese apoyo, mi
libro habría tardado más y habría sido más flojo. Quiero creer en este libro mío digo en anécdota y parábola varias de las cosas que González Faus dice en el
suyo en tesis y análisis. Sólo he dejado conscientemen-
te al «Dios del miedo», que él pone en primer lugar,
precisamente porque quiero dedicarle un día un libro
entero... si es que llega a saltar la chispa con el editor.
Gracias entre tanto, González Faus, a quien no conozco, por la ayuda oportuna en un libro en que yo la
necesitaba. No es éste libro fácil, y muchas de sus páginas me han hecho reflexionar más de lo que su en-
gañosa facilidad permite sospechar. He metido mucho
pensar y mucho valor en estas páginas, y todas van
marcadas con mi vida y mi experiencia.*

Es también éste el primer libro que escribo direc-

tamente en castellano. Hasta ahora había escrito primero en inglés y adaptado luego yo mismo el texto al castellano. Este nace directamente en español, y eso lo ha ungido de mi parte con un cariño especial. Voy a disfrutar y vengarme de tantos años de inglés cuando lo pase después, condescendientemente, al idioma extranjero.

CARLOS G. VALLÉS, S. J.
St. Xavier's College
Ahmedabab, 380 009
India

Dime a qué Dios adoras

Muchas veces me han hecho esta pregunta en la India: «¿Qué le ha dado la India a usted?» Y la última respuesta que doy es: «La India me ha ensanchado y enriquecido el concepto que yo tenía de Dios..., y ése es el mayor favor que me ha hecho y jamás me podía haber hecho».

Digo que ésa es la última respuesta que doy, porque a mí mismo me ha costado llegar a la claridad y finalidad de esa fórmula. Llevo casi cuarenta años en la India, y al principio, aparte de que nadie me hacía la pregunta, tampoco se me hubiera ocurrido a mí dar esa respuesta. Peor todavía, al llegar a la India yo iba a «dar», no a recibir; a enseñar, y no precisamente a aprender. Yo era quien iba a hacer «algo» por la India, no ella por mí. No sabía yo entonces que todo verdadero aprender es mutuo; que el saber no es tráfico de «dirección única», sino de «ida y vuelta»; que para dar hay que abrir la mano (y el corazón), como para enseñar hay que abrir la mente y las ideas, y esa mano y esa mente y ese corazón abiertos quedan así dispuestos a recibir, a dejar entrar, a ser fecundados hermafroditamente por el mismo entorno que ellos han ayudado a fecundar. En favorita paradoja oriental —y vayamos ya aprendiendo del Oriente, solar ancestral de la paradoja—, dar es recibir, y enseñar es aprender.

Mis primeras respuestas, cuando la pregunta «¿Qué le ha dado la India a usted?» comenzó a surgir en círculos de colegas y en entrevistas de periodistas, eran, por más que verdaderas, superficiales. La India me ha dado amistad, y es verdad, porque mis mejores amigos, gozo y plenitud de mi vida, son indios. Pero también me imagino que mis mejores amigos serían japoneses si hubiera vivido cuarenta años en el Japón. La India me ha dado éxitos académicos, y más aún literarios, con una generosidad que ya hubiera sido más difícil esperar en climas más críticos y exigentes. Esto es parte ya de esa gran virtud y cualidad generosamente oriental y específicamente india que es la hospitalidad —no soñada en Occidente— de casa abierta al huésped súbito y de mente amplia ante el interlocutor diferente. Hospitalidad, hostelera y filosófica, de la que me he servido hasta el abuso, de casa en casa y de familia en familia, y que me ha dado —don ya más íntimo y valioso— el sentido de pertenecer, de ser aceptado, de formar parte, de tener familias (pocas) que considero como mías, y otras (muchas) que me consideran como suyo, y de hablar, sentir y escribir desde dentro de la cultura india, sin tener que pedir permisos ni dar explicaciones, con derecho a disfrutar y a disentir y a ver el mundo de manera distinta sin miedos ni censuras. Carta de hermandad en un nuevo pensar.

Y de ahí fueron saliendo respuestas diversas a la repetida pregunta. ¿Qué le ha dado a usted la India? Amplitud de miras, una nueva visión, un festejo lingüístico, métodos prácticos de meditación inusitada, ecumenismo callejero, y el contacto multitudinario de filosofías múltiples y misticismo popular. Según iba yo profundizando en entender a la India y entenderme a mí mismo, iba formándose dentro de mí, sin yo mismo saberlo, la respuesta que iba a resumir todas las demás respuestas y relegarlas al pasado, porque todas no eran más que fragmentos que iban a fundirse y cobrar pleno sentido en la revelación final.

La revelación llegó, clara y espontánea, en un momento concreto que recuerdo bien. Ishwar Pétlicar, querido y admirado colega y escritor, me estaba haciendo preguntas un día, papel y lápiz en mano, para un reportaje en su revista, y hacia el cierre de la entrevista me dijo: «Usted le ha dado mucho a la India, le ha dado su trabajo, su vida, sus libros que tanto bien han hecho a tantos; y ahora le pregunto yo en curiosidad recíproca: ¿Qué es lo que la India le ha dado a usted a cambio?» Y allí fue donde, en el calor de la entrevista y la sinceridad de la amistad, la respuesta me salió entera y directa: «La India», le dije de sopetón, «me ha agrandado el concepto que yo tenía de Dios, y eso es lo mejor y más grande que por mí podía haber hecho». Pétlicar, periodista que era al fin y al cabo, mantuvo el lápiz un momento inmóvil sobre el papel y me miró con una mirada ligeramente suspicaz que quería decir: ¿No me estás metiendo un cuento tú ahora? ¿No te me estás escapando por la tangente? ¿No me estás dando una respuesta piadosa, un cliché teológico, cuando lo que yo quiero es una respuesta atractiva y periodística para los lectores de mi revista? ¡Vamos, anda, apéate de una vez y dime algo más concreto que pueda anotar mi lápiz!

Nos conocíamos y nos queríamos demasiado el uno
al otro para engañarnos; entendí su mirada y le expli-
qué la respuesta. La explico ahora.

Mi conducta queda determinada por mis creencias,
y mis creencias están regidas por la suma creencia,
que es la fe en Dios. El concepto que tengo de Dios es
lo que en definitiva preside mi vida y marca mis con-
vicciones. No hay más que ver a los dioses homéricos
para entender el carácter griego en tiempos de Ho-
mero, y hay que estudiar la mitología de la selva afri-
cana si uno quiere explicarse la conducta de sus tribus. Dime a qué Dios adoras, y te diré quién eres. Y
eso no sólo de religión a religión, sino dentro de un
mismo credo y un mismo bautismo. Dime cómo conci-
bes a Dios, cómo lo llamas, cómo le rezas, cómo te lo
imaginas cuando le hablas, cómo interpretas sus mandamientos y reaccionas cuando los quebrantas; dime
qué esperas de él en esta vida y en la otra, qué sabes
de él y has leído de él y crees de él..., dime todo eso
y me habrás contado la biografía de tu alma. La idea
que una persona tiene de Dios es el compendio de
su propia vida.

Y esa idea, en mí, hubiera sido mucho más limita-
da y descolorida si no hubiera venido a la India. Aquí
es donde mi teología personal cambió a ritmo de tró-
pico, mi concepto de Dios se abrió a nuevos rasgos y
nuevas teofanías, y con él se abrió mi vida, se ensan-
charon los horizontes de mi pensamiento y el ámbito
de mi conducta. La India es subcontinente ecuménico
a fuerza de historia y geografía. No sólo coexisten en
ella formas tan distintas de entender a Dios como el
monismo del Vedanta y el animismo de los millones
de aborígenes; no sólo se aceptan y se practican en

su suelo casi todas las religiones mayoritarias del
mundo, sino que topa uno con ellas, cara a cara y corazón a corazón, en personas de trato diario, en la
conversación y en la amistad. No es ecumenismo de
biblioteca ni de revista interconfesional o conferencia
anual, sino de encuentro vivo y constante y personal.
Aquí las ideas tienen rostro, y las diversas religiones
tienen nombres de amigos y conocidos. Esa es la bendición larga y profunda de este país sagrado, donde el
calor de los monzones (que van a jugar inesperadamen-
te un papel importante en un momento clave de esta
historia) acaricia el pensamiento religioso como co-
secha favorita de sus campos eternamente abiertos.

Siento que Ishwar Pétlicar no vaya a leer estas páginas. No porque no sepa castellano (pues al menos
le habría encantado ver su nombre en un libro cuya
lengua no conocía, y ya le habría traducido yo el sentido), sino porque ya no está. Me pidió que presidiera
yo la fiesta que sus amigos y admiradores preparaban
para su sesenta cumpleaños. Me sentí honrado y acce-
dí encantado, y sólo le puse, medio en broma medio
en serio, una condición: que él presidiera mi fiesta
cuando yo cumpliera mis sesenta. Sellamos el pacto,
y yo cumplí mi parte; pero él no pudo cumplir la suya. Un día, en plena carretera, hizo parar el coche porque le fallaba el corazón. Se le abrieron todos los hos-
pitales, pues todos conocían al escritor popular, y lo-
graron frenar el primer embite. Pero una recaída a
los pocos días se lo llevó. Cuando sus amigos nos reunimos para revivir nuestros recuerdos en tributo póstumo, yo señalé el don de la pregunta oportuna que
liberó la respuesta encerrada dentro de mí y que, para
mí, estará ya siempre unida a su memoria. La India

me ha ensanchado el concepto de Dios, y ése es el mayor favor que podía haberme hecho.

En esa idea hay algo más que una experiencia personal o una biografía íntima. La crisis religiosa que vivimos es crisis de valores, de credibilidad, de instituciones, de fe, de sentido de la vida y el peso del dolor del hombre; y, ahondando más en cada uno de esos problemas, del concepto de Dios que subyace a todos ellos y que da origen a esas manifestaciones diversas de una misma inquietud vital. ¿Quién y qué es ese Dios que pide esos valores, esas instituciones, esas costumbres, esos sacrificios, o deja de pedirlos? Toda una generación de creyentes ha aprendido un concepto legítimo pero limitado de Dios (todos los conceptos humanos de Dios son limitados); se encuentran, por educación o por carácter, sin posibilidad de alternativa o voluntad de ampliación en su rígida catequesis y, al encontrar situaciones en la vida que no encajan con ese concepto, dejan el concepto y dejan a Dios. Es decir, dejan al Dios que conocían. Si lo hubieran conocido mejor, no lo habrían dejado. Hay que ampliar la catequesis, hay que abrirle ventanas al alma, hay que dejar a Dios ser Dios. La mejor manera de contrarrestar el ateísmo —misión de misiones en el mundo de hoy (y quizá de siempre)— es entender mejor a Dios. Nada menos que ésa es la ambición quijotesca de este libro.

El primer amor

«Te vi sonreír al sagrario en la capilla» me dijo un compañero de devoción en días jóvenes. Yo me sonrojé. Era verdad que lo había hecho, y el verme descubierto hizo subir el rubor a mis mejillas. No es que me diera vergüenza; al contrario, me alegraba en el fondo de que mi intimidad con Jesús tuviera un testigo amigo; pero la misma intensidad del afecto me calentaba el rostro al oírse expresada en palabras de quien entendía el fervor porque participaba en la aventura. Sí, yo había ido a la capilla, había «hablado» con Jesús, había disfrutado con su compañía, tanto que el gozo interno del encuentro se me había asomado al exterior, y la alegría del corazón se me hizo sonrisa en los labios. Y alguien lo vio y me lo dijo. Bendita sencillez del primer amor.

El descubrimiento de la persona de Jesús en mi adolescencia, el calor de su amistad, la realidad de su presencia, la majestad de su divinidad y la simpatía humana de su trato formaron una realidad enorme en mi vida sobre la que ha venido todo lo que había de venir después. Sería una actitud todo lo antropomórfica que se quiera, inocente, acrítica, elemental; pero la fuerza y el calor que el sentimiento de amistad personal con Jesús trajo a mis años jóvenes es una experiencia tan intensa y real que sin ella no podría entender mi vida —por muchos que sean los avatares por los que luego ha pasado. De hecho (y con ello apunto ya a futuros conflictos), aquella relación era tan intensamente gozosa que me costaría trabajo desprenderme de ella, como Magdalena de los pies de Jesús la mañana de Pascua, para trascender gozos transitorios y buscar presencias resucitadas.

Recuerdo mis primeros evangelios, tesoro personal y gozo casi físico de posesión avara. Los compré con mi dinero (ocho pesetas), los acariciaba, los besaba, los ponía cariñosamente bajo la almohada al ir a dormir con gesto de amante de novela rosa; pero el hecho es que los echaba de menos si no los tenía físicamente junto a mí. Y en ese ambiente vino la primera lectura seguida y completa de los cuatro textos inspirados de los evangelistas. A la repetición de pasajes ya conocidos y familiares, seguía de repente un párrafo enteramente nuevo, una frase de Jesús que yo no había oído nunca, una perícopa que, por no aparecer en la tan tímida liturgia de aquellos tiempos, era totalmente inédita para mí, y su primera lectura revestía un carácter sagrado de sorpresa, de primicia, de iniciación mistérica y gozo secreto que consagraba las palabras nuevas con eficacia sacramental. A veces corría yo a un amigo a comunicarle como última noticia sorprendente: «¿Sabías tú que Jesús había dicho esto?» «¿A que nunca habías leído esta frase en el evangelio?» ¿¡Fíjate qué pasaje tan bonito he descubierto hoy!» La amistad de Jesús salida del evangelio era tan grande y tan nueva que tenía que compartirla con otros para que me cupiera en el alma.

Una anécdota del padre Rubio, leída aquellos días, describe mi mundo de entonces. Iba el padre Rubio a tomar un tren o un autobús, y al pedir el billete dijo sin pensar: «Dos para...». Luego se corrigió a tiempo y añadió con rubor de persona distraída: «Perdone, uno solo». La presencia a su lado del eterno Amigo era tan real para él que, al sacar el billete para sí mismo, tenía también que sacarle el billete a Jesús. Su fe era tan real que casi le hace pagar el doble. Y ese era el ideal y, a ratos felices, la experiencia vivida de mi juventud. Jesús amigo siempre a mi lado.

Lacordaire llevaba ya diez años predicando en Notre Dame, había hablado de moral y apologética y de la familia y la sociedad y la fe y la Iglesia y, por fin, en 1846 pronunció su primera conferencia sobre la persona de Jesús. En aquel momento abandonó el tono académico de sus conferencias, se dirigió directamente a Jesús y le dijo en un coloquio lírico que yo me aprendí de memoria sin esfuerzo y aún sé recitar: «Señor Jesús. Hace diez años vengo hablando de tu iglesia a estos oyentes. Sí, es verdad que al hablar de tu iglesia hablaba también siempre de ti; pero hoy me atrevo y me acerco a hablar directamente de tu persona. Hoy me llego a ti, a esa divina figura que es cada día el objeto de mi contemplación, a tus pies sagrados que he besado mil veces, a tus manos cariñosas que me han bendecido sin cesar, a tu frente coronada de espinas y de gloria, a esa vida cuyo perfume he respirado desde mi nacimiento, a esa vida que rechacé en mi adolescencia, volví a encontrar en mi juventud, y ahora, en la flor de mi vida, adoro y anuncio a toda criatura. ¡Oh Padre! ¡Oh maestro! ¡Oh Amigo! ¡Oh Jesús! Ayúdame ahora más que nunca, para

que mis oyentes sientan que estoy más cerca de ti, y
que mis palabras salgan de tus labios y les digan que
tú también estás ahora más cerca de mí».

Y aún me llegaba más al alma santa Teresa, con el
realismo candoroso de su experiencia irresistible. Ella
también va describiendo situaciones de su vida cuando, de repente, no puede más, se le desborda el estilo
y se dirige directamente a Jesús para expansionarse
con él ante la imposibilidad de decirles a otros todo lo
que es él. «¡Oh Rey de gloria y Señor de todos los reyes, cómo no es vuestro reino armado de palillos, pues
no tiene fin! ¡Cómo no son menester terceros para
Vos! Con mirar vuestra persona, se ve luego que es
sólo El que merecéis que os llamen Señor. Según la
Majestad mostráis, no es menester gente de acompa-
ñamiento ni de guarda, para que conozcan que sois
Rey. Porque acá un rey solo, mal se conocerá por sí:
aunque él más quiera ser conocido por rey, no le creerán, que no tiene más que los otros; es menester que
se vea por qué lo creer. Y así es razón tenga estas autoridades postizas, porque si no las tuviese, no le ten-
drían en nada; porque no sale de sí el parecer pode-
roso; de otros le ha de venir la autoridad. ¡Oh Señor
mío!, ¡oh Rey mío!, ¡quién supiera ahora representar
la majestad que tenéis! Es imposible dejar de ver que
sois gran Emperador en Vos mismo, que espanta mirar esta majestad, mas más espanta, Señor mío, mirar
con ella vuestra humildad y el amor que mostráis a
una como yo. En todo se puede tratar y hablar con
Vos como quisiéremos, perdido el primer espanto y
temor de ver Vuestra Majestad, con quedar mayor para no ofenderos, mas no por miedo del castigo, Señor

mío, porque éste no se tiene en nada en comparación de no perderos a Vos». (*Vida*, 37, 6).

Un responsorio sorpresa, que es casi una saeta andaluza en medio de la sobriedad oficial del breviario latino, resume con certeza afectiva esa felicidad imprescindible del amor directo a quien más lo merece y mejor lo corresponde: «*Quem vidi, quem amavi; in quem credidi, quem dilexi*». «Lo vi, lo amé; me entregué a él, me enamoré de él». Esa es la experiencia básica del encuentro con Dios, tanto más auténtica cuanto menos palabras emplea. La brevedad de la expresión encierra todo lo que ha de seguir después en pensamiento, teología, reflexión, desarrollo, dudas, crisis, síntesis y silencio. Todo vendrá y será bienvenido y llenará libros y hará una vida. Pero todo estaba ya contenido en la experiencia inicial del amor de juventud con el amigo que era Dios. La sonrisa inocente ante el sagrario amado.

Rey de reyes

La familiaridad con Dios en Jesús es don excelso que justifica una vida. Y, precisamente por ser privilegio sublime, la acechan irremisiblemente excesos y peligros. La familiaridad hace olvidar el otro polo de Dios que es la trascendencia, la lejanía remota del «Siempre Otro», la profundidad del misterio que nunca abarcamos, la zarza ardiendo a la que hay que acercarse sin sandalias, la nube, la noche, la eternidad.

La tradición asocia el nombre de Juan, el discípulo amado, al último evangelio y al último libro de la Biblia, el Apocalipsis. Ambos proceden, si no de su pluma, sí de su escuela, de su ambiente, de sus discípulos. El cuarto evangelio, consciente en cada página de que Jesús es el Cristo, el Hijo de Dios, y celoso heraldo de su divinidad, presenta no obstante un trato de intimidad con él que habla de contacto personal, de largas charlas en la noche a solas, de amistad preferida, de confidencias, de afecto y proximidad que hacen a Dios presente y cercano al corazón del hombre como ningún otro libro en la Biblia. Juan ha sido siempre el evangelio preferido de quienes buscan acercarse de corazón a corazón al Dios-con-nosotros que se anunció en el Antiguo Testamento y se hizo realidad en el

Nuevo. Desde la llamada primera, «Venid y veréis», de tal modo que «fueron, vieron dónde vivía y se quedaron con él aquel día», hasta que el hombre reclina su cabeza sobre el pecho de Dios en confianza inusitada. pero invitada por él en la noche en que se despedía de mortal; desde la samaritana en el pozo hasta Magdalena en la tumba vacía..., Dios se acerca a hombres y mujeres de la tierra como ningún profeta había previsto y ninguna religión había soñado. «Ya no os llamaré siervos, sino amigos». La intimidad, última y definitiva prueba de que Dios es hombre, queda consagrada en las páginas-documento de la Revelación que define nuestro credo y, con él, nuestra vida.

Y ahora las páginas del Apocalipsis, también «revelación» en nombre (que eso quiere decir la palabra) y en la realidad del texto que cierra la Biblia. «Me volví a ver qué voz era la que me hablaba, y al volverme vi siete candeleros de oro, y en medio de los candeleros como a un Hijo de hombre, vestido de una túnica talar, ceñido el pecho con un ceñidor de oro. Su cabeza y sus cabellos eran blancos, como la lana blanca, como la nieve; sus ojos como llama de fuego; sus pies parecían de metal precioso acrisolado en el horno; su voz como ruido de grandes aguas. Tenía en su mano derecha siete estrellas, y de su boca salía una espada aguda de dos filos; su rostro, como el sol cuando brilla con toda su fuerza. Cuando le vi, caí a sus pies como muerto. El, poniendo su mano derecha sobre mí, dijo: 'No temas, soy yo, el Primero y el Ultimo, el que vive; estuve muerto, pero ahora estoy vivo por los siglos de los siglos, y tengo las llaves de la Muerte y del Hades'» (1, 12-18).

Y otro pasaje: «Entonces vi el cielo abierto, y ha-

bía un caballo blanco; el que lo monta se llama 'Fiel'
y 'Veraz'; y juzga y combate con justicia. Sus ojos,
llama de fuego; sobre su cabeza, muchas diademas;
lleva escrito un nombre que sólo él conoce; viste un
manto empapado en sangre y su nombre es: Palabra
de Dios. Los ejércitos del cielo, vestidos de lino blanco y puro, le seguían sobre caballos blancos. De su boca sale una espada afilada para herir con ella a los
paganos; él los regirá con cetro de hierro; él pisa el
lagar del vino de la furiosa cólera del Dios Todopoderoso. Lleva escrito un nombre en su manto y en su
muslo: Rey de Reyes y Señor de Señores» (19, 11-16).

No es extraño que, ante tales visiones, el vidente
caiga a sus pies como muerto, lejos de reclinarse en
su pecho como confidente. Jesús es el mismo, pero
ahora la majestad corrige la cercanía, y el poder tem-
pla el atrevimiento. Rey de reyes y Señor de señores. La experiencia de un mismo discípulo abarca los
dos extremos, las dos visiones, la de cerca y la de lejos, porque ambas se complementan y se necesitan
para el equilibrio de la verdad.

La paradoja del libro del Apocalipsis consiste en
que en el proceso mismo de revelar a Dios recalca su
incomprensibilidad, y al acercarnos a él señala la distancia. Cuando el vidente es invitado a la presencia
del trono y llega a ver a «Uno sentado en el trono» a
quien adoran los veinticuatro ancianos en liturgia permanente de cántico y gesto, se encuentra con que «delante del trono hay un mar de cristal» (4, 6), que luego
se hace «mar de cristal mezclado de fuego» (15, 2), a
cuya orilla están de pie los que ya han triunfado, con
cítaras en sus manos y cantando el cántico que un día

cantó Moisés a la orilla de otro mar por el que también había pasado Dios.

El mar es símbolo cosmogónico de inicio y de caos, de profundidad y de distancia, de fecundidad y de destrucción. El mar separa continentes, levanta tempestades. acapara horizontes. Y detrás de este mar, aun en la audiencia solemne de la corte de los elegidos, es donde está situado el trono de Dios. Mar de cristal y fuego, transparente e incandescente al mismo tiempo, frío como la escarcha y ardiente como la llama, Ecuador y Antártida, témpano y centella. Guardián celoso del secreto de Dios aun para aquellos que son admitidos a su presencia. Ante la meta del trono, la profundidad del mar.

Otra parábola de la «Revelación». El color blanco. Blanco fue el color del manto de Jesús cuando, en un momento de gloria instantánea entre treinta y tres años de humildad, brilló su esencia en la cumbre de un monte y quedaron deslumbrados los ojos de los tres discípulos escogidos ante el resplandor de su figura. Y blancos son en el Apocalipsis los vestidos de los elegidos (3, 5; 7, 9) y de la Esposa (19, 8); blanco es el caballo que monta la Palabra de Dios, y blanco el trono mismo de Dios (20, 11). El color blanco es pureza, es brillo, es unión de todos los colores cuando se funden en uno sus siete identidades; es color difícil de conservar sin tacha entre el trajín de polvo y pasiones que nos llevamos aquí abajo, y así resulta distintivo natural y símbolo evidente de lo que no podemos alcanzar o conservar por nosotros mismos, de lo que está más allá de lo que nosotros somos o entendemos, del trono mismo del Señor de la vida. Blancura de Dios inaccesible al hombre manchado.

El Apocalipsis es el ritual de la liturgia del cielo, el libro de ceremonias de la eternidad, el manual de etiqueta para la corte de los ángeles. En él hemos de ir entrenándonos para cuando lleguemos a su compañía. Y ese manual nos enseña el respeto y la distancia, el «acatamiento y reverencia» (términos de mi padre Ignacio), la adoración rendida de la criatura ante su Creador y Señor.

«Los cuatro Seres tienen cada uno seis alas, están llenos de ojos todo alrededor y por dentro, y repiten sin descanso día y noche: Santo, Santo, Santo, Señor, Dios Todopoderoso, Aquel que era, que es y que va a venir. Y cada vez que los Seres dan gloria, honor y acción de gracias al que está sentado en el trono y vive por los siglos de los siglos, los veinticuatro Ancianos se postran ante el que está sentado en el trono y adoran al que vive por los siglos de los siglos, y arrojan sus coronas delante del trono diciendo: Eres digno, Señor y Dios nuestro, de recibir la gloria, el honor y el poder, porque tú has creado el universo; por tu voluntad lo que no existía fue creado» (4, 8-11).

Si queremos adentrarnos en el conocimiento de Dios, no podemos pararnos en los evangelios. Hemos de leer la Biblia hasta el final.

No harás imágenes de Dios

«No te harás escultura ni imagen alguna ni de lo que hay arriba en los cielos, ni de lo que hay abajo en la tierra, ni de lo que hay en las aguas debajo de la tierra. No te postrarás ante ellas ni les darás culto» (Ex 20, 4-5).

Este mandamiento, segundo en las tablas de Moisés, no sólo prohíbe imágenes de otros dioses, los dioses falsos de las tribus vecinas y rivales de Israel, sino, con mayor profundidad y urgencia, prohíbe y prescribe para siempre imágenes de Yahvéh mismo. Israel ha de seer distinto de los pueblos que lo rodean, no ha de limitar o circunscribir a Dios, no ha de conformarse con un dios de las cosechas y un dios de la guerra, con un dios concreto y finito que puede pintarse y esculpirse para decir de una vez en piedra y en color lo que ese dios es y lo que puede hacer. No. Israel dejará libre a su Dios para que sea lo que es («Yo soy el que soy») y haga lo que le plazca hacer en cada circunstancia. Israel no manchará a Dios con la idolatría de los pinceles, no aprisionará su concepto en barro cocido o piedra labrada. Israel no tendrá imágenes de Yahvéh. El templo, sí, quedará decorado con figuras de «querubines, palmeras y capullos abiertos»

(1 Re 6, 32), pero la cubierta del Arca, entre los dos querubines de oro, «donde Yo me reuniré contigo» (Ex 25, 22), quedará lisa y llana, expresando así la presencia de Dios por la ausencia de todo adorno. Israel aceptó el mandamiento, porque entendía su sentido y apreciaba su importancia para la pureza de su fe y la unidad de su pueblo.

Fue Jeroboam quien quebró el mandamiento y, con ello, causó la ruina de Israel. Al morir Salomón, Jerobam, exiliado en Egipto por su influencia subversiva entre la clase obrera, volvió, se rebeló contra Roboam, el impopular hijo de Salomón, y todo Israel lo siguió menos las tribus de Judá y Benjamín en Jerusalén. El dominio militar era de Jeroboam, pero Roboam tenía en su poder a Jerusalén, y en ella el templo, lugar único de adoración y atracción perpetua para todo israelita, estuviera donde estuviera. Jeroboam temió que su gente le abandonara a él para ir a ofrecer sacrificios en el templo de Jerusalén, y decidió consolidar su poder militar y político con el poder religioso. Tenía que romper el monopolio de Jerusalén y su templo. Para ello hizo construir dos imágenes de Yahvéh, y puso una en Betel y otra en Dan; ofició la ceremonia de entronización; estableció sacerdotes; fijó la fecha de la fiesta anual, y así originó en Israel el culto a un Yahvéh visible, fundido y modelado en la imagen de un becerro de oro. Y la historia de Israel siguió su teología. La imagen visible trajo el cisma, fijó la escisión, dividió a Israel, inició su decadencia y causó su ruina. El templo de Jerusalén tuvo su rival en el santuario de Betel. Israel sólo volvería a reunirse en el exilio.

Jeroboam quedó en la historia de Israel como el

causante de su ruina, y siempre que se menciona su nombre en el texto sagrado se le añade el estribillo infame «Jeroboam, que enseñó a Israel a pecar». El pecado fue el hacer una imagen de Yahvéh para que el pueblo la adorara.

Y ahora hay que decir que nosotros también, junto con la mayoría de los israelitas a la muerte de Salomón, somos seguidores de Jeroboam. Nos hemos apuntado a Dan y a Betel, nos hemos hecho becerros de oro, nos hemos fabricado imágenes de Dios mucho más peligrosas que el oro y la plata, porque son imágenes sutiles, conceptos mentales, definiciones escolásticas, jaculatorias encendidas que atesoramos y usamos y forman parte de nuestra vida y nuestra cultura, ideas necesarias y expresiones inevitables sin las cuales no podemos gobernar nuestra conducta ni dirigir nuestro pensar, pero que, al ser limitadas, desdicen de su objeto y estrechan nuestras miras. Por muy puro que fuera el oro de la imagen de Yahvéh, la imagen no llegaba al modelo. Como tampoco le llegan nuestras imágenes mentales. Y las imágenes de Yahvéh dividen a Israel, como los conceptos de Dios y de su obra dividen hoy a las iglesias.

No se trata de perder confianza en la inteligencia humana, y menos aún de evitar el dogma que define la verdad necesaria; pero sí de ser conscientes de la limitación inherente a la palabra, para saber usarla con delicadeza y trascenderla con abnegación. No hay que atarse a un becerro de oro. Hay que seguir adelante. Después del Génesis viene el Exodo: hay que «engendrar»... y hay que «salir»; hay que concebir el concepto y vivir la realidad de Dios de la manera que nos sea dada; y hay que estar dispuestos tam-

bién a ir más allá de ella, por grata que nos sea y por
familiar que se nos haya hecho, para ampliar viven-
cias y ensanchar miras sobre lo que nunca acabare-
mos de abarcar.

Vuelvo por un momento a la India. Los primeros
misioneros se escandalizaron ante la multitud de
dioses del panteón hindú (trescientos treinta millones
es la cifra oficial), y se ensañaron en la «idolatría»
abigarrada que abarrotaba las paredes de los templos
y las páginas de las escrituras de la religión llena de
siglos y de tradición en la inmensidad de casi un continente. Había una diosa que cabalgaba sobre un ti-
gre, y un dios que dormía sobre una serpiente, un dios
mono y un dios elefante, un dios que destruye lo que
otro ha creado y otro conserva sus tres rostros unidos en piedra en las cuevas de Elefanta, frente a Bombay, donde sirvieron de blanco a cañones portugueses
en prácticas de tiro, mientras más al sur, en el Malabar, otros «ídolos» servían, a los niños del catecismo
de Javier, de blanco para otras actividades no tan mar-
ciales, pero no menos denigrantes. No juzgo los tiempos ni anacronizo valores; me limito a señalar hechos.
Lo que aquellos grandes misioneros no sospechaban
es que la multiplicidad de imágenes no era más que
otra manera (aparentemente opuesta, pero idéntica en
realidad) de decir lo mismo que la prohibición de imágenes había querido decir en otra tierra y en otras escrituras: que a Dios no hay imagen que le haga justicia y que, por consiguiente, o no se hace ninguna o se
hacen miles, para que su misma multiplicidad declare
la imposibilidad de describirlo, y la trascendencia de
Dios quede salvaguardada por la infinidad de los colores. El politeísmo aparente de la India encierra un

monoteísmo radical que la crítica amiga no puede menos de descubrir al acercarse con interés de aprender, en vez de hacerlo con la inseguridad que lleva a destruir.

La piedad hindú tiene una bella práctica de devoción: la recitación rítmica y reposada de los mil nombres de Visnú. La riqueza del sánscrito se presta a acuñar nombre tras nombre, con lujo lingüístico y profundidad teológica; la memoria oriental los aprende rápido con orden infalible, y luego los nombres se van recitando uno a uno, moviendo los labios, aunque uno esté solo, para sacramentalizar con la acción externa el amor y la fe que laten en el alma al contacto de Dios. Y aquí también el mensaje es el mismo: decir que Dios tiene mil nombres es lo mismo que decir que no tiene ninguno o, en frase nuestra, que tiene un nombre «que está sobre todo nombre», y ante él cabe o el silencio total o la letanía prolongada, donde mil simboliza lo eterno, y cada nombre manifiesta su legitimidad al ser pronunciado y su fracaso al tener que dar paso al siguiente. Cada nombre trae consigo el mensaje de que él representa un rasgo auténtico de quien no tiene rasgos y, al mismo tiempo, de que tras él ha de venir otro hombre que lo complete, porque él es limitado, breve, finito. Cada nombre afirma y niega, habla y se calla, viene y se va. Los teólogos hindúes han escrito largos tratados sobre los mil nombres de Visnú (¿no escribió nuestro Fray Luis sobre «Los nombre de Cristo»?), y las almas sencillas, sin leer esos tratados, repiten los nombres sagrados con devoción incansable. Todo enamorado gusta de repetir los nombres del amado.

La pena, e incluso la tragedia, es que hasta este

bello modo de dirigirse a Dios puede perder su mensaje y olvidar su cometido, y lo hace con triste frecuencia a manos de la superstición y la desidia. Los mil nombres, cuya misión era el recordarnos que no había nombre con que nombrar a Dios, se convierten ahora ellos mismos en un nombre, más largo y más solemne, pero, al fin y al cabo, un nombre completo, redondo, final. La gente aprende los mil nombres de memoria, los recita mecánicamente a ritmo de rosario, los repite sin fijarse en lo que dice, los convierte en fórmula, en sortilegio, en *mantra*, en imagen. La teología se hace catálogo, y la devoción se convierte en rutina. En vez de mil nombres, uno compuesto de mil. Los mil nombres, que precisamente se habían ideado para proteger la transcendencia de Dios, la vulneran aún más gravemente. La sucesión de títulos, que debía precisamente recordarnos que no hay título que valga, se ha convertido ella misma en título, y Visnú queda prisionero de la cadena de mil eslabones. Parábola e imagen de lo que nos sucede a todos en todas las religiones y a todos los niveles. La nueva idea, que era primero conquista de una nueva faceta del Dios que no tiene faz, se convierte pronto ella misma en imagen fija, en rutina, en ídolo. La foto, que nos encantó al verla por primera vez, se hace página de álbum; la mariposa, al prenderla, queda disecada; la rosa, al cortarla para poseerla, se seca y languidece. Así es como los conceptos se marchitan al archivarlos en la memoria. Para seguir en concepto con el Dios vivo hay que renovar el álbum.

Cantad un cántico nuevo

Un director de ejercicios de gran experiencia decía que el mayor enemigo para que religiosos y religiosas fervientes, que los hacen todos los años, hagan unos buenos ejercicios, es el recuerdo de otros ejercicios que han hecho en años pasados, a veces aun en tiempos lejanos, que han dejado huella profunda en su carrera espiritual y que surgen inevitablemente en la memoria al acercarse el momento de los ejercicios anuales, con añoranza por aquella experiencia, deseo de que se repita (ya he usado la palabra fatal: «repetirse», la herejía de la gente piadosa de pedirle a Dios que se repita) y determinación de hacer todo lo posible por revivir aquel fervor que tanto hizo entonces por renovar su vida de oración y, sin duda, podrá volver a hacerlo ahora.

No lo hará. La persona que se acerca con esa disposición a unos ejercicios no hará ni los de ahora (porque sigue aferrada a los de antes) ni los de antes (porque está sometida a los de ahora). Seguirá añorando («aquello sí que fueron ejercicios...») con la mirada vuelta atrás, que le impedirá ver lo que tiene delante; con la comparación, esencialmente injusta, entre aquel director ideal y éste mediocre —pero que, por muy mediocre que sea, es el único que tiene delante y que podría ayudarla si ella se dejara—, y acabará frustrada al quedarse sin el pasado, que ya no es suyo, y sin el presente, que no ha sabido aprovechar.

En mis años jóvenes de religioso hice una vez unos ejercicios espirituales extraordinarios con un director de fama nacional y de celo y fervor que no desmentían su fama. Me transformó vivamente la experiencia... y luego arrastré durante años el peso inerte de haber hecho unos ejercicios privilegiados. Había tomado notas detalladas de cada charla y, para colmo, alguien más lo había hecho con mayor exactitud aún y se tomó la molestia de sacar copias y repartirlas a los escogidos para que conservaran vivo aquel fervor. Fueron mis últimos ejercicios en España antes de venir a la India, y pensé: ¡Magnífico! ¡Ya tengo ejercicios para toda la vida que me garanticen el espíritu y la devoción aprendidos en España, vaya ahora adonde vaya y esté donde esté. Desde entonces, cada año, al entrar en ejercicios, lo hacía yo con esos fajos de notas bajo el brazo, las repasaba antes de cada meditación, me azuzaba a mí mismo con su recuerdo... y me aburría con su repetición. Mientras tanto, me perdía lo que los nuevos ejercicios podían haberme ido dando en un clima ya distinto en muchos órdenes, pero sin duda interesante y adaptado al cambio al que yo rehusaba acogerme. Tenía conmigo las notas de los mejores ejercicios del mundo. ¿Cómo conformarme con menos? Estúpida soberbia. Años me costó el apearme de ella. Hasta que no hice pedazos aquellas notas, valiosas en sí pero funestas a la larga en su rígida parálisis, y las eché al cesto de los papeles, no quedé libre para volver a hacer ejercicios, para vivirlos en realidad nueva, en vez de abrazar a una momia, que en su tiempo había sido valiosísima, sin duda, pero ahora muerta y acartonada como una emperatriz del alto Egipcio. Es esencial tener a mano el cesto de los papeles si queremos avanzar en el espíritu.

Cito al arzobispo ortodoxo Anthony Bloom: «Anclar nuestra mente en una gracia pasada es perderse gracias futuras. El Dios que conocí ayer no será necesariamente el que se me revelará mañana. No te alimentes de memorias. Las memorias están muertas, mientras que Dios no es Dios de muertos, sino de vivos. Dios es eternamente nuevo. Acércate a él dispuesto a ser sorprendido. Convéncete de que no lo conoces y de que puede traer hoy un rostro distinto del que tú te imaginas. No pongas en lugar de Dios la imagen de Dios que tú te has elaborado en el pasado: eso es idolatría espiritual. Repite la oración: 'Señor, líbrame de todos los conceptos pasados que he formado de ti'. Lo que hemos de hacer al acercarnos a Dios es recoger todos los conceptos pasados que de él tenemos, almacenarlos en la bodega de nuestra mente, y luego acercarnos a Dios, conscientes de que estamos cara a cara con un Dios cercano y a la vez desconocido, infinitamente sencillo e infinitamente complejo. Sólo si estamos abiertos de par en par a cada instante, se nos revelará el desconocido, y se nos revelará tal como es hoy a nosotros tal como hoy somos. Tenemos que aguardar con la mente y el corazón abiertos, sin intentar darle forma a Dios o encerrarlo en conceptos e imágenes; y sólo entonces podemos llamar a la puerta».

Los religiosos hacemos voto de pobreza, y lo aplicamos con mayor o menor generosidad a los bienes

del bolsillo, al dinero y a las herencias y las cuentas
bancarias. Loable empresa. Pero hay una pobreza más
profunda y radical, pobreza del alma y desprendimiento del espíritu, que se aplica a algo mucho más valioso y de lo que nos cuesta mucho más desprendernos:
bienes espirituales. Gracias que hemos recibido, experiencias pasadas de oración, luces sobre Dios y su
reino, entendimiento de verdades eternas y destellos
de realidades futuras. Eso es lo que más apreciamos
y atesoramos. Y por eso mismo guardamos el tesoro
en la caja fuerte de la memoria y protegemos su seguridad. Avaricia espiritual y posesión devota. Y, en
todo caso, violación de la pobreza desnuda de alma
y cuerpo que el voto y la virtud postulan de quien
quiere de veras acercarse a Dios en sumisión total.
Hay personas de genuina vocación religiosa que ini-
cian la andadura con entusiasmo, pero quedan luego
fosilizadas en las mismas gracias que en un principio les hicieron avanzar y gozar. Aferrarse a gracias
pasadas es anclarse en el pasado y perderse el futuro.
Hay que levar el ancla, por penoso que sea, si queremos navegar mar adentro y descubrir otras orillas.
La pobreza del espíritu, la no-posesión de las gracias
recibidas, es la mejor disposición para gracias por
venir.

Cito ahora a C. S. Lewis, teólogo favorito, cuyos
párrafos enteros me aprendía yo de memoria al estudiar inglés en la India, fascinado por la belleza de
su lenguaje y la originalidad de sus ideas: «Muchos
religiosos se lamentan de que los primeros fervores
de su conversión se han desvanecido. Incluso pretenden, con esfuerzos que dan pena, hacer revivir de alguna manera lo que para ellos fue su edad de oro es-

piritual. Pero ¿es que de veras aquellos fervores —y la palabra importante es 'aquellos'— estaban destinados a durar? Sería temerario afirmar que hay una oración que Dios *nunca* escucha; pero el candidato más cercano a tal marca mundial (y celestial) es la oración que puede expresarse en la sola palabra *encore*. ¡Otra vez!, ¡repítelo!, ¡queremos volverlo a oír! ¡Encore! Pero ¿cómo podría repetirse el Infinito? Todo el espacio y todo el tiempo del mundo no le bastan para expresarse a sí mismo una sola vez, ¿y queremos que se repita? Y la broma, o la tragedia, es que todos esos momentos dorados del pasado, que nos atormentan si los erigimos en norma para el futuro, son encantadores, sanos y amigos si nos decidimos a aceptarlos y tomarlos por lo que son: memorias. Si quedan cálidamente enterradas en el pasado, que nosotros tratamos penosa, inútil y equivocadamente de resucitar, darán frutos deliciosos. Deja a los bulbos en paz, y verás qué flores tan bellas les salen; pero empéñate en sacarlos, tocarlos, palparlos, apretarlos para que te den las flores del año pasado, y te quedarás sin unas ni otras. Hay que tener fe para dejar que muera la simiente. Si el grano de trigo no muere...».

Un caballero cristiano me contó esta experiencia de su vida. Después de muchos años de fe, tuvo ocasión de ir a Lourdes y visitar, por así decirlo, en su propia casa a la Virgen que tanto le había supuesto siempre en la vida, y recrearse en su presencia. Así lo hizo en la basílica, los jardines, la gruta; y al rezar allí ante la imagen, familiar de tantas estampas y por primera vez vista en el seno de la roca testigo, se dio cuenta de que entre los bancos dispuestos para la devoción sentada o arrodillada de los fieles, quedaba medio escon-

dida una sencilla lápida cuadrada en el suelo, y en la
lápida una inscripción: «Aquí estaba Bernadette cuando por primera vez vio a nuestra Señora». Vio la lápida, y con gesto dócil y devoto él mismo se acercó a
ella, se quedó de pie sobre la lápida discreta y miró a
la Virgen. Y en aquel momento, con violencia inesperada, se le abrieron los cielos, se le inundó el alma,
se le llenó el corazón y los sentidos de un gozo súbito
y rebosante de procedencia ajena a todo lo que hasta
entonces había sentido en su vida, y sintió y vivió por
un tiempo, no cronometrado por relojes terrenos, la
gloria celestial de la que siempre había oído hablar y
nunca había gustado en persona. Visita memorable
que quedó grabada en su alma con exclusividad permanente.

Y luego la segunda parte de su historia. Años más
tarde volvió a tener la oportunidad de ir a Lourdes, y
no la dejó pasar. Fue al pueblo, a la basílica, a la gruta, buscó la lápida que nunca se había separado de su
memoria, y con recuerdo iterativo, con respeto anticipado, con curiosidad entre la expectación y la duda,
se acercó a ella, se colocó sobre ella en exacta ubica-
ción repetida y miró a la imagen en la roca. Y... no
sucedió nada. O más bien, sí, algo importante sucedió para aquel gran caballero que ya conocía los caminos de Dios y aprendió una nueva lección aquel
día: Dios no se repite. Dios no responde a un proce-
dimiento fijo, no se ata a tiempo y lugar, no acata pro-
nósticos, no repite caminos. Dios nunca «vuelve»; Dios
siempre «viene». Cada vez es un camino nuevo, un
rostro nuevo... y una lápida nueva. Dios no copia...,
ni siquiera se copia a sí mismo. Puede permitirse el
lujo infinito de ser perpetuamente diferente, y en eso

está precisamente su ser. Dios es el que nunca se repite (a no ser que alguna vez quiera repetirse precisamente para mostrar que ni siquiera se repite en el no repetirse, y ya entiendo yo lo que me digo). Nosotros, los hombres, somos los que nos repetimos ante la impotencia propia y el aburrimiento ajeno. Escritor soy y conozco mi pecado: escribir es repetir, porque vivir —para el hombre— es repetirse. Para Dios no, y por eso no hay que buscarlo en la repetición. Hay que cambiar de lápida.

Los salmos lo saben, y rezan: «Cantad al Señor un cántico nuevo». Sólo un nuevo cantar puede dar gloria a quien por esencia es nuevo en cada instante.

Y la cita de Isaías que siempre me emociona: «No traigáis a la memoria lo que ya pasó, no penséis en lo que sucedió hace tiempo. Mirad, ¡estoy haciendo algo nuevo! ¡Ya comienza a brotar! ¿Todavía no lo veis?» (43, 18-19). Dichosos los ojos que ven lo que vosotros veis.

No tomarás el nombre de Dios en vano

Si el segundo mandamiento en las tablas de Moisés era «No harás imágenes de Yahvéh», el tercero (que es segundo en nuestro catecismo) es «no tomarás en falso el nombre de Yahvéh, tu Dios». Este mandamiento busca santificar la palabra humana, como el anterior quiso santificar su pensamiento. Al no imaginar nada indigno de Dios, el pensamiento humano se prepara y compromete a no pensar nada indigno de nadie ni de nada; y al no usar su nombre indebidamente, su palabra queda santificada y consagrada a decir la verdad y pronunciar la justicia. Pero nosotros, violadores impenitentes de un mandamiento, lo somos también del otro, y nuestras lenguas «toman en vano» el nombre del Señor con más frecuencia de lo que anotan nuestras conciencias.

El nombre, en hebreo, es la persona, y usar el nombre en falso es usar la persona, en este caso «usar a Dios»; y así se comprende que este pecado venga inmediatamente después del de idolatría, que negaba a Dios. El nombre de Yahvéh se usaba entre su pueblo con eficacia reconocida para bendecir y maldecir, para dar testimonio y prestar juramento. El abuso se presiente cercano. Quien habla en nombre de Dios,

pronto pasa a hablar en nombre propio —mientras la
frase continúa teniendo a Dios por sujeto y la gramática hace traición a la teología. Eso es usar a Dios en
beneficio propio, mezquindad última del espíritu ruin.

Nuestro lenguaje nos delata. «Bien sabe Dios que
esto lo he hecho sólo por tu bien». Y bien sabes tú
mismo que lo has hecho por tu propio egoísmo. Pero
hay que cargar el tono para impresionar al oyente y
silenciar la oposición, y así se pone a Dios por delante.
«Bien sabe Dios...» El truco es fácil, porque Dios no
va a hablar para contradecir el testimonio, y la solem-
nidad de su nombre presta credibilidad a la piedad
verbal del atrevido. Eso es tomar el nombre de Dios
en vano, eso es usar a Dios y menospreciar su majestad. Eso es violar el tercer mandamiento de Moisés.
«Pongo a Dios por testigo...»; «así como Dios me
oye...»; «juro por Dios...» ¡Y Dios sabe (¡aquí sí que
se puede usar legítimamente el nombre de Dios!), Dios
sabe qué hay detrás de ese juramento y ese testimonio y esa aseveración solemne! Abaratar el nombre de
Dios es prevaricación culpable.

Acerquémonos más. «Es voluntad de Dios que en-
tres religiosa». ¿Y quién eres tú para decírmelo? ¿Se
lo has preguntado a Dios? ¿Te lo ha comunicado él
en revelación privada para el bien de mi alma? Tú
puedes decir muy bien que crees que yo, a quien tú
aprecias, tengo vocación de religiosa y sería feliz entre esas hermanas que para ti son una comunidad
ideal. Puedes decir que a ti te gustaría mucho que
yo uniera mi vida a esas religiosas, y que eso le haría mucho bien a mi alma, y por mí a otros. Todo eso
puedes decirlo, y yo te escucharé con atención y respeto, y lo tendré en cuenta en el momento de tomar

mi decisión. Pero lo que no tienes ningún derecho a decir es que ésa es la voluntad de Dios para mí. No tienes derecho a declararme a mí la voluntad de Dios... que es muy posible que sea sólo la tuya propia, disfrazada torpe y egoísticamente con el nombre del Altísimo. No juegues a Dios. No te hagas el profeta. No tomes su santo nombre en vano.

Creo en la obediencia, y acepto que el mandato del superior legítimo puede representar la voluntad de Dios. Sin embargo, sentí un escalofrío de desacuerdo cuando vi a un superior provincial religioso, en cierta región lejana y hace ya algunos años, salir de su oficina blandiendo en la mano una hoja escrita a máquina con los cambios de destino de sus súbditos para aquel año, diciendo con voz triunfal y definitiva: «¡Aquí está la voluntad de Dios para nuestra provincia este año!», y añadiendo luego en tono sombrío que quería ser chiste y hacer reír: «Ahora veremos cuál es la voluntad de los hombres... ¡Ja, ja»» Sus súbditos se rieron como les correspondía. ¡Ja, ja! (¿Será eso también acto de obediencia?). Acto seguido se abalanzaron sobre la hoja escrita a máquina, escudriñaron ansiosos los nombres, respiraron al no encontrar los suyos... y comenzó el coro anual de críticas, sobresaltos, ironías, profecías, felicitaciones y murmuraciones con el que tradicionalmente se recibe «la voluntad de Dios» en la provincia.

Perdone, padre provincial. Acato su autoridad y reconozco que está usted y actúa en nombre de Dios. Pero por eso mismo le ruego que respete el nombre y sea digno de la majestad que representa. Entre las cualidades indudables que usted tiene, no destacan precisamente el diálogo, la consulta con los interesa-

dos, la confianza previa antes de decidir al destino
de un súbdito. Usted se inclina a ser autoritario y de-
finidor, mientras que la obediencia, al menos tal como
la entendemos hoy, es más bien proceso, discernimiento, tarea común y confianza mutua, en la que tanto el
superior como el súbdito siguen siempre abiertos el
uno al otro, y ambos a Dios, en la búsqueda compleja
del bien de la persona y de la obra. Y podría ser que
usted oculte, a espaldas de sí mismo, la evidencia de
su incompetencia tras el escudo de la autoridad. Para mí esa hoja escrita a máquina no es, sin más, la
voluntad de Dios, aunque haya salido de su máquina
de escribir y la haya tecleado usted mismo. Franca-
mente, padre provincial, no me suena a Dios. Usted
mismo sabe muy bien que va a haber que corregirla y
modificarla varias veces hasta su edición final. No pre-
suma el primer día, no proclame, no amenace, no blanda en el aire su hoja triunfal. No tome en sus labios
el nombre de Dios por ahora. Espere y escuche, tenga
paciencia y «obediencia» usted también a las circunstancias, a las personas, a Dios, que a través de todas
ellas habla, y proponga humildemente lo que usted
cree ser la voluntad de Dios, con todas las limitaciones
de su entender... y de su máquina de escribir.

Tomar el nombre de Dios en vano. Pecado del cle-
ro, pecado de sacerdotes y religiosos, precisamente
porque nos sentimos cerca de Dios y la familiaridad
nos hace creernos con derecho a usar su nombre en
lugar del nuestro. Mandamiento de Dios para su Iglesia, para sus representantes, para los que hablan en
nombre suyo, para los que declaran su voluntad con
autoridad. Mandamiento diario, «santificado sea tu
nombre», tan urgente como «el pan nuestro de cada

día» para que se mantenga la majestad del nombre de
Dios, sustento inmortal de las almas, como se mantiene el sustento esencial de los cuerpos, y se haga su
voluntad —en hecho y en palabra— así en la tierra como en el cielo.

En la ciudad donde resido hay un sastre, fiel a la
tradición de su oficio tanto en la elegancia a su corte
como en la falta de puntualidad en las entregas. Al
hacerse las pruebas de un traje y preguntarle cuándo
estará, él se lo piensa un momento, como si estuviera
calculando en su mente, y luego dice solemnemente:
«Si a Dios le place... el lunes que viene». Piadoso
sastre. Siempre tiene la lamparilla de aceite encendi-
da ante la imagen policromada del Dios tutelar, lo aba-
nica con varillas de incienso encendidas al abrir la
tienda cada mañana, y toca brevemente a sus pies el
metro antes de tomarle las medidas al cliente. Y al
llegar el momento de fijar la fecha de entrega, no puede menos de acordarse de Dios y contar con su be-
neplácito: «Si a Dios le place... el lunes». Al cliente no
deja de impresionarle la súbita mención de Dios, y
acata la cita con reverencia litúrgica. El lunes viene y
pregunta por su traje. El sastre, sin dejar nunca su
actitud piadosa, contesta suavemente: «No está todavía...; no le plugo a Dios». ¿A quién se queja el cliente? ¿Al sastre o a Dios? Claro está que, si hubiese sido
la voluntad de Dios que el traje estuviera listo el lunes, lo habría estado; y si no lo está, es porque no ha
sido voluntad de Dios que lo estuviera, y ante eso no
hay protesta posible. Tiene razón el sastre. ¿Cuándo
estará, entonces? «Si a Dios le place... el jueves». Y
continúa el juego. El sastre se las arregla para seguir
con su piedad y con su clientela, y su habilidad con

las tijeras hace a sus clientes transigir con su irregu-
laridad en el calendario. A ese sastre hay que plantár-
sele y decirle: Por favor, no mezcle usted su profesión
con su devoción. Déjese de cuándo le place a Dios que
esté, y diga cuándo le va a placer a usted. Usted sabe
de cuántos días dispone, cuánto trabajo tiene, cuándo puede estar el traje y cuándo está usted dispuesto
a entregarlo. Dígalo y hágalo. Lunes o viernes, fije la
fecha y aténgase a ella. Y deje a Dios a un lado por el
momento, y no justifique sus retrasos recurriendo a
la divina providencia. No tome el nombre de Dios en
vano.

Otro ejemplo más serio y aun trágico..., y tire la
primera piedra quien nunca haya caído en él. En un
pueblo que conozco bien, no lejos de mi misma ciudad, trabajó varios años de párroco en su minoritaria
comunidad cristiana un compañero mío de gran celo
religioso y social y de muchos recursos de personalidad y organización para servir a sus feligreses pobres
no sólo en el cultivo de sus almas, sino en ayuda de la
múltiple indigencia que afligía sus vidas. Al ir consi-
guiendo para ellos cierto nivel de independencia eco-
nómica y liberarlos de la opresión de los prestamis-
tas y usureros, chocó inevitablemente con la clase opre-
sora, y en particular con un cacique egoísta cuyos intereses privados se veían amenazados por la obra social del párroco. El cacique decidió atacar al párroco para que se acobardara y se marchara del pueblo.
Compró testigos, inventó acusaciones y arrastró de tribunal en tribunal a aquel hombre de bien. No logró
probar nada contra él, pero intensificó su campaña de
molestias y amenazas para deshacerse de él. Todos en
el pueblo sabían que era una pura urdimbre de mal-

dad y mentiras, y deploraban el tormento moral a que
se veía sometido su bienhechor; pero eran impoten-
tes para hacer nada en su defensa. Estando así las
cosas, llegó un día una noticia al pueblo. El hijo único de aquel cacique arrogante acababa de morir en un
accidente de automóvil. Y el comentario unánime e
inmediato que salió de los labios de todos en el pueblo, cristianos, hindúes y mahometanos, fue: ¡Dios lo
ha castigado!

Respeto los sentimientos de aquella buena gente y
la mentalidad popular que así hablaba y creía ver hecha justicia en la desgracia familiar acaecida a quien
consideraban como a un malvado. Pero denuncio el
veredicto precipitado, la condena irresponsable, la sen-
tencia de justicia divina en boca del hombre: Dios lo
ha castigado. ¿Quién eres tú para saberlo, y quién eres
tú para decirlo? En primer lugar, me parece justicia
extraña matar al hijo inocente para castigar al padre
culpable. Si de justicia se trataba, podía haberse arre-
glado el accidente de manera que muriera el padre y
no el hijo. Esa consideración por delante. Pero lo fundamental y lo que quiero dejar bien en claro es que,
aunque hubiese muerto el padre en el accidente, nadie
tendría derecho a decir: Dios lo ha castigado. Nadie
conoce el fondo de la conciencia, y nadie conoce el
juicio de Dios. Nadie sabe qué acción de Dios es castigo y qué acción es purificación, qué acción es prueba y qué acción es compasión. No soy yo quién, ni nadie, ni todo el pueblo junto, para definir que un accidente es condena y una muerte es castigo. A mí me
toca el silencio ante el dolor y el respeto ante la muerte, no el erigirme en Dios y proclamar en frase fácil
sus juicios secretos. «Dios lo ha castigado». Con esa

frase Dios se hace instrumento de mis opiniones e incluso, en ocasiones, de mi venganza y de mi odio. Si
le acaece una desgracia a alguien a quien yo no miro
bien, y digo: «Dios lo ha castigado», pongo el sello de
la divina justicia sobre lo que es puramente un sentimiento de envidia y venganza personal. En el fondo
de mi alma me alegro por el mal acaecido a quien no
quiero bien, pero, como no quiero admitir ante otros
ni ante mí mismo que me regocijo en el mal del prójimo, echo el nombre de Dios por delante y digo: «Dios
lo ha castigado», cuando lo que verdaderamente siento y no confieso es: «me alegro de que mi enemigo
sufra». Eso es manipular a Dios, abusar de su nombre
y usurpar su trono. Y ni aun así diré yo a quien haga
eso: ¡Dios te castigará! «Dejad a Dios lo que es de
Dios», dijo solemnemente su Hijo.

No manipularás al Señor tu Dios

El mandamiento es el mismo, pero le doy ahora un nuevo giro que he apuntado al final del capítulo anterior y que nos lleva a ahondar en el papel que los distintos conceptos de Dios juegan en nuestra vida. Tomar el nombre de Dios en falso es intentar manipular a Dios. El Dios cercano, íntimo, el Dios de la amistad y de la confianza, da lugar a un concepto y a una familiaridad que nos pueden llevar a la tentación de manipularlo. El Dios «amigo» puede pasar a ser el Dios «camarada», y la confianza puede llegar a ser abuso. Si manipular a un hombre es el último ultraje contra la dignidad de la persona, intentar manipular a Dios es blasfemia en acción. La actitud, por desgracia, no es infrecuente, y conviene saberla para evitarla.

A Jesús, la gente quiso manipularlo en su vida una y otra vez. Le pedían «signos», milagros, como curiosidad, como diversión, como condición para salvarle la vida. «Haz ante nosotros lo que has hecho en otras ciudades»; «le pedían una señal del cielo»; «Herodes esperaba presenciar algún milagro e insistió con muchas palabras»; «¡Baja de la cruz y creeremos en ti!» Creían que Jesús, para salvarse, para establecer su prestigio, para probar su misión, haría milagros cuando se lo pidieran. La reacción de Jesús fue llamar «generación perversa y adúltera» a los que eso pedían; y callar en dignidad ante Herodes. Jesús no se deja manipular por nadie..., aunque le cueste la vida.

En una ocasión especial, Jesús fue objeto de una manipulación más sutil. Un discípulo suyo tenía especial amistad con él, y el discípulo —o su madre (en esto discrepan los evangelistas)— intentó aprovecharse de la situación para obtener una ventaja concreta. «Haz que mis hijos se sienten uno a tu derecha y otro a tu izquierda en tu reino». La reacción de Jesús en esa ocasión me decepciona. Se inhibe diciendo que eso le toca al Padre, no a él, como si dijera: «Te lo concedería encantado, pero, lo siento, no tengo poderes para hacerlo»; mientras que a mí, en la pequeñez de mi entender y en el complejo cultural en que vivo, me hubiera gustado (y mi atrevimiento al decirlo respeta reverencialmente su libertad al inhibirse) que se hubiera enfrentado directamente y hubiera dicho, con su discreción y a su manera, que él no se dejaba manipular por nadie, ni siquiera por la madre cariñosa de su discípulo predilecto. Quizá lo pensó, y por respeto a la madre del amigo no lo dijo. De todos modos, sí rechazó tajantemente la intercesión de la manera más solemne que conocía, que era apelando a la autoridad del Padre. A Dios no lo manipula nadie. Y hubo revuelo en el grupo apostólico cuando el intento de captura de los primeros puestos trascendió al resto. El hombre percibe en seguida cuándo un rival pretende manipular a alguien de quien él también depende, siente el peligro y anota su protesta. Jesús hubo de hablar largo con sus discípulos aquella tarde.

La promesa inaudita de Jesús, «pedid y recibiréis»,

pone en nuestras manos un instrumento privilegiado
de fe y de abundancia en todos los órdenes para obtener cualquier cosa que deseemos, y en su misma generosidad abre el peligro de manipulación, de que
más tarde o más temprano queramos forzar la mano
de Dios valiéndonos de su promesa para conseguir que
nos dé algo que él sencillamente no quiere darnos. El
peligro no es de que Dios sea de hecho manipulado,
que nunca lo será ni puede serlo, sino de que nosotros lo pretendamos y, al hacerlo, rebajemos otra vez
el concepto de Dios a niveles humanos. Y rebajar el
concepto de Dios, ya lo he dicho, es rebajar la vida.

Una experiencia personal que casi llegó a causar-
me una crisis. Entre mis alumnos de la universidad
había un muchacho hindú cuyo sufrimiento físico y
moral me había hecho fijarme en él de manera especial desde el principio. Sufría de visión doble en los
ojos, que ni gafas ni operación podían corregir y que
le causaba unos dolores de cabeza que comenzaban
por la mañana, aumentaban durante el día y se volvían humanamente insoportables por la noche; y eso
cada día, en ciclo inevitable y cruel. Para colmo, su
familia, considerando sus sufrimientos como castigo
de Dios (¡Dios te ha castigado!), le echaban a él la
culpa de ellos, le hacían la vida imposible, y una vez
había llegado a escaparse de su casa para humillar en
venganza a su familia ante los vecinos, que supieron
de su huida. Me tomé gran interés por aquel joven que
sufría, e hice todo lo que mi celo y fervor de sacerdote joven me inspiraron que hiciera. Recé por él, recé
con él, le impuse las manos, ofrecí penitencias. Yo quería abrir paso al evangelio, y le recordé al Señor que
él mismo, siempre que enviaba a sus discípulos a pre-

dicar, les daba el poder concomitante de sanar a los enfermos, e incluso había llegado a decir en una ocasión: «¿Qué es más fácil, decir a este paralítico: 'Perdonados te son tus pecados', o decirle: «¡Levántate y anda!'?» Y si yo, como sacerdote, tenía el poder de perdonar pecados, que era el más difícil, ¿cómo es que no tenía el más fácil de curar enfermos? Si a los que creen han de seguir estas «señales», según él prometió, ¿cómo van a creer los que no las ven, aun en un caso tan digno de atención y misericordia como el de aquel joven que se había acogido a mí? De nada sirvieron mis plegarias, mis sacrificios, mis diálogos empeñados con el Señor. Pasó el tiempo, y mi protegido iba a peor.

Un día, en cambio, se me presentó radiante de gozo y felicidad, sus ojos alegres delatando su visión normal, su rostro transfigurado proclamando, antes de que pudiera abrir la boca, que todas sus tribulaciones habían pasado y que era ya hombre feliz en alma y cuerpo, entregado a la vida y rebosante de placer. ¿Qué había pasado? También lo supe antes de que abriera la boca. Noté que sus vestidos eran todos color «butano», que llevaba al cuello un collar de cuentas negras y que de él pendía un medallón con una imagen que yo conocía bien. Era la foto de un guru hindú que estaba muy de moda entonces y ponía tres condiciones a sus seguidores para asegurarles la felicidad en este mundo y la salvación en el siguiente: que sus vestidos fueran color «butano» (el color sagrado en la India), que llevasen siempre al cuello su foto y que cambiaran su nombre por uno nuevo que él les daría. Mi joven amigo, Vinay, me informó que desde entonces se llamaba Swami Amrutsiddhant, y todo

quedó explicado. Había ido al guru hindú, se había
acogido a él, y al instante habían desaparecido todos
sus males físicos y morales. Ante mí estaba un chico
joven, alegre, sonriente, lleno de vida y de ilusión como yo siempre había soñado verlo algún día... aunque
por otro camino. «Sólo me falta una cosa, me dijo con
pícara sonrisa mientras me enseñaba la camiseta interior que llevaba debajo de la camisa y que todavía era
blanca, «aún no he encontrado una camiseta color butano; en cuanto la encuentre, me la pondré, y mi gozo
será completo». Amén.

Yo estaba hecho un lío al mirarlo. Sorpresa y alegría de ver curado y alegre a un muchacho a quien yo
quería; asombro de ver salud rebosante donde, durante meses, yo sólo había visto miseria corporal y espiritual; extrañeza ante el «butano» y la medalla; y
en el fondo, enfado porque un guru hindú hubiera
obtenido pleno éxito donde un sacerdote católico había fracasado. Siento un sincero respeto por los gurus
hindúes en general, y veneración por algunos que son
verdaderos santos y místicos auténticos en las regiones más altas que puede alcanzar el espíritu humano.
Pero el guru de la medalla era diferente. Acababa de
publicar él un libro cuyo título, «Del coito a la contemplación», proclamaba su tesis de que sólo en la
práctica del acto sexual puede lograrse el éxtasis del
misticismo religioso (con pruebas de teoría y experiencia), razón por la cual yo me había negado a pre-
sidir las conferencias que él iba a dar en nuestra ciudad durante su paso por ella, cosa que nunca me per-
donó. Se teñía el pelo, vivía siempre en aire acondi-
cionado a la misma temperatura, no por librarse del
calor de la India, sino porque, según él, eso era nece-

sario para que su alma pudiera dejar el cuerpo por la noche para unirse con Brahma y volver por el día otra vez al cuerpo (que para eso había de estar a la misma temperatura), y así servir a la humanidad; se hacía llamar «dios» y usaba un Rolls-Royce (más tarde dicen que llegó a poseer 366 Rolls, uno para cada día del año, lo del 366 pensado con idea por si el año era bisiesto y había un día más) para recorrer los pocos metros que separaban su habitación de la sala de conferencias en su *ashram*. Y ese guru era el que había curado a mi muchacho.

Acepto, le dijo al Señor, que eres enteramente libre, que a ti no te obliga el código de derecho canónico, que puedes distribuir tus gracias fuera de los siete sacramentos y más allá de la Iglesia que tú fundaste y por cualquier medio y persona que mejor te plazca. Eres Padre de todos, y a todos llegan tu amor y tu poder. Ahora, también has de aceptar tú que yo he quedado un poco en ridículo. El chico es discreto y, bueno, ya está curado y me dice que, en agradecimiento, se va a ir a América a preparar el adviento de su guru en países más productivos; y síguelo tú protegiendo como lo has hecho ahora. Lo que a mí me toca ahora es ver lo que tú quieres decirme a mí con esta actuación tuya. Para él tu mensaje ha sido su curación; para mí ha sido más bien el de tu suprema libertad en tratar con los hombres, tu negativa soberana a acomodarte a las expectativas que sobre ti tenemos, tu complacencia en romper moldes y tu resistencia absoluta a que nadie te manipule. Algo de eso es lo que yo estaba haciendo, ¿no es verdad? Por tu santa gloria, desde luego, pero yo te había trazado el plan de lo que tú tenías que hacer con ese chico. Tú ya no tenías más que seguir mis instrucciones. Te tenía atrapado con citas de tu propio evangelio, te había insinuado que, si querías que yo te abriese paso en estos mundos en que vivo, ahí tenías una buena ocasión que yo me encargaría de aprovechar para gloria huya. Te lo tenía todo perfectamente preparado. Sólo faltaba tu firma. Y en vez de firma, carpetazo. Por lo visto, no te gusta que otros te hagan planes, te fijen detalles, te digan lo que tienes que hacer, te manipulen. Entendido. Es lección para mí más importante que la cura del muchacho. No sé qué tal le irá a él y a su flamante guru en América. Lo que sí sé es que, de ahora en adelante, yo voy a respetar más tus obras y tus juicios. Aquí me tienes en pleno campo de acción, lleno de energía, y a tu servicio. Dispón de mí como mejor te plazca. Tú eres el jefe y sabes lo que quieres hacer. Perdona mi temeridad al querer obligarte a que hicieras lo que yo quería. Creo que ahora te entiendo un poco mejor, y ya sabes que aprecio inmensamente el valor del conocerte mejor, porque sé que de ahí viene todo lo bueno.

Me acuso de haber intentado manipular a Dios en mis sueños y en mis planes una y otra vez, en mi celo y en mi impaciencia; de haber querido imponerle mi modo de ver y mi prisa de actuar. Me acuso de haberme hecho un Dios fácil, dócil, comprensivo, manejable, reflejo sólo de mis propias ambiciones y deseos, condición de mis éxitos, instrumento de mi gloria. Me acuso de haberme hecho un dios de bolsillo, cómodo y barato. Me acuso de haber hablado en nombre de Dios, pensado en nombre de Dios, actuado en nombre de Dios cuando, en realidad, pensaba y hablaba y obra-

ba en nombre puramente mío. Me acuso de haber
usurpado su firma y robado su sello. Y acepto y acato
la lección que me enseñó a manos del guru extrava-
gante. Lección que era sólo principio de lecciones. Aún
había mucho más que aprender.

¿Por qué no nos hacemos ateos?

En el monumento a Lincoln en Washington, sobre la pared derecha según se sube por la escalinata, hay esculpido un texto del histórico presidente en el que se refiere a la triste guerra civil de los Estados Unidos, y dice: «Ambos bandos leían la misma Biblia, y ambos rezaban al mismo Dios, y de él esperaban la victoria para sus ejércitos y la derrota de sus contrarios». Allí, en la piedra del monumento y en la sinceridad de las palabras de un presidente con sentido de la historia, quedó esculpida la manipulación más triste a que el hombre ha sometido a Dios: matarse en nombre suyo. Y eso no fue sólo en una guerra antigua. Se repite hoy en el Oriente, cercano y lejano; se repite en el viejo continente y en el nuevo. En cierto país, los dos bandos en lucha han llegado a pretender apariciones opuestas de la Virgen —cada una condenando al bando contrario. Hay que justificar la causa propia a toda costa, y se busca el último aval en el recurso al Dios de los ejércitos. Toda guerra se hace cruzada, las víctimas son mártires, y se promete la gloria a quien muera en el frente. La «guerra santa». Así lo eran las gueras de los israelitas, y lo fueron las guerras del Islam. Y las guerras contra el Islam. ¡San-

tiago y cierra España! ¡Por Dios y por España! ¿Qué
España?, se pregunta ahora. Y tras esa pregunta queda escondida, sin frase pero no sin efecto secreto, la
pregunta paralela: ¿y qué Dios? Las guerras hechas
en nombre de Dios acaban por engendrar ateísmo.

Estoy en la terraza de la residencia de estudiantes
que forma parte de nuestro complejo universitario,
ya algo a las afueras de la ciudad de Ahmedabad. A
mis dos lados, y apoyados como yo en la barandilla
de la terraza, del lado que mira hacia la ciudad, están
varios de los estudiantes, con los ojos fijos como yo
en el horizonte de la ciudad que todos conocemos muy
bien, pero que hoy tiene algo nuevo y trágico que en-
señarnos y no nos deja quitar los ojos del horizonte.
De repente un chico grita: «¡Otra! ¡Allá!» Y todos
miramos a donde él señala con el brazo extendido, y
vemos lo que él ve. Otra humareda. Negra y densa,
a borbotones creciente sobre la línea del cemento.
¿Por dónde será? El barrio, la calle, el edificio...; se
hacen conjeturas. Y más allá... ¡otra! Nadie las cuenta ya, porque se funden unas con otras creando una
cortina turbia bajo el sol de la India. La ciudad arde,
Ciudad querida, ciudad tranquila, ciudad de Gandhi,
ciudad de nombre mahometano y tradición hindú donde ambas religiones han coexistido, hace ya siglos, calle a calle y hombro a hombro. ¿Por qué arden hoy
sus casas, se enrojece su asfalto y se ennegrece su
cielo?

Guerra de religiones. El Islam en la India a filo de
espada. Se asentaron las razas y se establecieron las
creencias. Se olvidaron las heridas y se ensayó la convivencia. Llevaba ya siglos funcionando. Pero de vez
en cuando vientos de la historia avivan las brasas y

salta la llama. Alguien apedrea a una vaca, sagrada
para los hindúes, o alguien azuza a un cerdo, impuro
para los mahometanos, por enmedio de una de sus
procesiones. Y vuelve la sangre antigua a hervir en
las venas... y a correr por las calles. Y luego las venganzas. Y las venganzas de las venganzas. El ciclo infinito. Y todo en nombre de Dios. ¡Allah-o-Akbar! ¡Yai
Mahakali! Gritos de guerra en herencia que nunca
muere. Tragedia endémica que se repite con fatídica
regularidad en cada ciudad de la India. Legado de
sangre.

Seguimos mirando el triste espectáculo desde nuestra terraza. Algunos de los estudiantes son hindúes,
otros mahometanos, otros cristianos. La ciudad arde.
Nosotros, en la periferia, estamos a salvo y podemos
contemplar de lejos el cinturón de humo que abraza
al horizonte. ¡Otra humarada! ¿Cuándo amainará el
fuego? ¿Cuándo parará el odio? ¿Cuándo volverá el
hombre a ser hombre?

Apenas hablamos, y por eso oigo mejor y me im-
presiona más lo que uno de mis muchachos dice a mi
lado dirigiéndose a mí: «Padre, si nos matamos unos
a otros porque somos de religiones distintas, ¿no sería mejor que todos fuéramos ateos?» Todos oímos lo
que ha dicho, y ninguno le contesta. En esa misma terraza nos reunimos cada sábado por la noche todos
los estudiantes bajo las estrellas y rezamos juntos por
una hora, y yo les hablo de Dios y del amor y de la
virtud y de la bondad, y todos cantamos cánticos religiosos y oramos en silencio y ofrecemos a Dios nuestra hermandad. Pero ¿de qué sirve esa hermandad piadosa de los sábados por la noche cuando desde esa
misma terraza vemos ennegrecerse los humos del odio

en nombre del mismo Dios a quien acabamos de in-
vocar? Todos mis sermones y todas nuestras plegarias han desaparecido en esa frase triste e inevitable:
Si nos matamos unos a otros en nombre de Dios, ¿por
qué no nos hacemos ateos?

Hay otro padre a mi lado, que me dice al oído:
«Ya lo ve usted; así son los paganos; siempre luchan-
do entre sí». Yo le contesto sin mirarlo: «¿Se olvida
usted de lo que está pasando estos mismos días en
Irlanda entre católicos y protestantes?» Nos volvemos
a callar todos. Cuando se une la religión a la política,
salta la sangre —en Oriente o en Occidente. El nombre de Dios, que debería hacernos a todos hermanos,
hace que nos matemos unos a otros. Guerras de religión. Rogativas por la victoria, es decir, por la matanza. Llegará un 'día, dijo Jesús, en que los hombres os
matarán creyendo que hacen un servicio a Dios. Lo
siguen creyendo. Se siguen matando. Ya no se ofrecen
los corazones palpitantes de guerreros vencidos ante
la piedra azteca del dios Uitzilópochtli; ahora lo hacemos con bombas y metralletas, pero la salmodia es
la misma. Seguimos matando en nombre de Dios.

Mahatma Gandhi, el alma más grande de nuestros
tiempos («llegará un tiempo», dijo Einstein, «en que
los hombres se negarán a creer que alguien como él
vivió en nuestro mundo»), unió a la India en el movimiento pacífico que dio la libertad a la colonia mayor
del mundo del poder mayor del mundo. Pero en su
noble empresa hubo de pagar un precio póstumo. Ecuménico de corazón, y amante por igual de hindúes y
musulmanes, usó sin embargo, como lema y consig-
na para el estado libre que propugnaba, la palabra
Ram-rajya. En sí, quiere decir «Reino de Dios», y es

expresión tradicional y venerada de siempre en la India que apelaba al sentimiento religioso del pueblo, unía a todas las castas y convertía el movimiento de independencia en cruzada sagrada; sólo que «Dios», en esa expresión, está representado por la palabra «Rama», que hace referencia a una encarnación concreta de la fe hindú, no aceptable para quien profese el Islam, muy en contra de lo que el mismo Mahatma deseaba, estaba la raíz de la discordia. De allí —con infinitas redes de motivos políticos y humanos que conoce la historia— salió el Paquistán, en operación quirúrgica que sangró al continente; y de allí siguen saliendo esas columnas de humo que ennegrecen con dolorosa periodicidad el cielo siempre azul de las ciudades indias. Se unió la palabra sagrada con una empresa terrena, se pronunció el nombre de Dios en un alzamiento político, por demás justo en su demanda y modélico en su moderación..., y hoy, desde la terraza de nuestra residencia, presenciamos su otra herencia inevitable de enemistad entre los que llaman a Dios «Rama» y los que lo llaman «Alá». Y yo escucho con tristeza teológica el comentario de aquel joven universitario: «Padre, ¿no sería mejor si todos fuéramos ateos?»

Era la primera vez que «oía» yo el ateísmo. La primera vez que escuchaba la opción atea, en palabra viva de una persona concreta ante una situación seria, donde la proposición no parecía absurda. No era ya capítulo de libro de texto, no era tesis a refutar en un examen, no era objeto de «diálogo» o manifiesto ideológico de partidos políticos, sino conclusión casi lógica de premisas reales que teníamos ante los ojos. Las premisas inmediatas eran las humaredas, la pólvora y la sangre; pero la premisa fundamental y oculta, la premisa abusiva y falsa de la que todo se deducía era la manipulación del nombre de Dios. Un concepto bien intencionado pero limitado de Dios había dado lugar, a través de la historia, a la posibilidad de usarlo para causas que, en sí, serán justas, pero nunca lo son en cuanto hacen militar a Dios bajo la bandera de un partido. La tentación de usar a Dios ha estado siempre cerca de la ambición política (usar a Dios o usar la negación de Dios, que todo es lo mismo) y lo sigue estando en nuestros días. En todos los continentes y en todos los campos se usa a Dios para justificar objetivos de partido. A corto plazo puede incluso ayudar a la causa. A largo plazo daña a la fe. Quien manipula a Dios siembra ateísmo.

El Dios de las quinielas

Del Dios «manipulable» paso al Dios «tapaagujeros». Otro concepto de Dios, casi inevitable en nuestro trato con él, temporalmente útil en lo que tiene de verdadero, pero dañoso a la larga por lo que tiene de incompleto, torcido y falso. Basta mencionar la idea para ver lo común que es y lo equivocada que va. Se reduce a esto: mientras yo conservo el control de la situación y me bastan mis fuerzas (o lo que yo llamo «mis» fuerzas), me las arreglo por mi cuenta y no «molesto» a Dios ni me acuerdo de él; ahora bien, en cuanto el asunto se me va de las manos, en cuanto llega una crisis, un problema serio, algo que rebasa mis posibilidades y escapa a mis medios, entonces corro a Dios, imploro su auxilio y enciendo velas ante su imagen. Mientras la vida marcha por sí misma (¡si es que puede marchar por sí misma!), no hay que preocuparse; pero en cuanto llega el «agujero» que mis fuerzas no pueden llenar, acudo a Dios para que lo rellene o me tome en sus brazos y me pase sano y salvo al otro lado. Esa es la función del «Dios del agujero», advocación que no se encuentra en los manuales de piedad o libros litúrgicos, pero que cuenta con inumerables adictos en todas las religiones.

En castellano tenemos el refrán: «Si quieres aprender a orar, échate a la mar». En tierra firme, donde se puede pisar con seguridad y andar sin miedo, no hay por qué rezar; me valgo por mí mismo y no tengo por qué acordarme de Dios a cada paso. En cambio, en el mar, cuando se levantan las olas, sopla fuerte el viento y llega la tempestad, cuando el barco da tumbos y se llena de agua, y veo a la tripulación que se afana a la desesperada y el capitán que apenas logra hacerse oír entre los truenos, no me queda otro remedio que acordarme de Dios, volverme a él e implorar su ayuda. Los pescadores (¡y los toreros!) siempre han sido gente religiosa. Viven cerca del agujero.

En las lenguas indias tenemos un refrán parecido: «Cuando van bien los negocios, se acuerda uno del joyero; cuando van mal, de Dios». Esa es la peligrosa definición de Dios: Dios es aquel de quien nos acordamos cuando las cosas van mal. Hay, sí, en esa actitud el reconocimiento de que Dios puede ayudarnos cuando nadie más puede hacerlo, y ese acto de fe a regañadientes tiene su valor en medio de todo; los verdaderos amigos se muestran en los momentos de crisis y, al volvernos instintivamente a Dios en cuanto surge el apuro, demostramos implícitamente que él es el mejor amigo, como de hecho lo es. Pero también hay en esa actitud un elemento triste que relega a Dios a los momentos malos de la vida; que hace de la oración medicina amarga para la enfermedad, en vez de bebida alegre para la vida; que reduce la religión a un puesto de socorro, y los sacramentos a la extrema unción. La vida no se compone sólo de agujeros, y relegar a Dios a los agujeros es indigno e injusto. No creo que le guste a él.

Como profesor que he sido muchos años, cuento
con generaciones de estudiantes que han pasado por
mi clase y de los que la mayor parte se pierden en el
olvido año tras año, con sólo algún recuerdo en reuniones de antiguos alumnos o alguna participación de
boda o invitación a la inauguración de una oficina o
una clínica bajo el nombre que vagamente recuerdo
y gratamente vuelvo a pronunciar, gustoso de que un
antiguo conocido me recuerde en un momento grato
de su vida, me venga a ver para darme una alegre noticia. Lo que ya no me gusta tanto es cuando algún antiguo discípulo, que no había guardado ningún contacto conmigo durante cinco o diez años, se presenta
de repente, comienza a hablar con grandes sonrisas y
alabanzas de sus tiempos de estudiante y de lo bien (?)
que lo pasaba en mi clase, me hace creer por un rato
que ha venido sólo a recordar viejos tiempos, a expresar su afecto hacia mí y agradecer mis trabajos por
él... y cuando ya va a despedirse me dispara que, por
cierto, sí, quería pedirme un favor, una recomenda-
ción para donde sabe que mi nombre cuenta, un discurso en la inauguración de su bufete particular, un
artículo para la memoria de las bodas de plata de la
asociación que dignamente preside. Y me dan ganas
de decirle: Todos estos años no te has acordado de
mí para nada; y ahora que me necesitas, sí, ¿eh? Bo-
nitos viejos tiempos y bonita gratitud que tú te traes.
Cuando me necesitas, vienes a verme, y si no, que me
parta un rayo. ¡Y yo que creía que habías venido a
recordar tiempos pasados y a darme las gracias! Sí,
desde luego, ya iré a tu maldito bufete y echaré el
discurso y escribiré el artículo y te daré la recomen-
dación..., para no volvernos a ver hasta que vuelvas a

necesitarme otra vez. Pero no creo ni creeré ya en tu
afecto y tu gratitud. Me has convertido en tapaagujeros para provecho tuyo, y no me ha hecho ninguna
gracia. Una relación de persona a persona no puede
fundarse en indigencias mutuas.

Otro peligro de la «religión del agujero» es que
los agujeros van disminuyendo según avanza el progreso material y el hombre entiende mejor el universo. Para el hombre primitivo todo era agujero en la
vida: el rayo que lo fulminaba, la inundación que arra-
saba sus campos, la epidemia que diezmaba sus tribus;
por eso los griegos necesitaron un dios del trueno, los
egipcios adoran al Nilo, los hindúes convirtieron a la
viruela en una diosa. Hoy en día hay vacuna para la
viruela, presas en el Nilo, y pararrayos en todo edificio alto; lo cual ha dejado sin empleo a otros tantos
dioses. Se van tapando agujeros; es decir, se va limi-
tando la acción de Dios. Claro que siempre queda el
agujero de la muerte, que no es fácil de rellenar, del
miedo del más allá, del temor del juicio y el peso de
la eternidad; y eso da cierta garantía de que el pensamiento de Dios no llegará a desaparecer de la consideración de los mortales. Pero sería triste tener que
relegar a Dios a los momentos de leer esquelas y asis-
tir a entierros. La teología del agujero no puede darnos un Dios vivo y total que llene la conciencia y abar-
que la vida. El concepto es manco, y los conceptos
mancos de Dios hacen daño a la larga.

Yo incluso descubrí un día al «Dios de las quinielas». Fue así. Entré en casa de una familia piadosa, me
senté, charlé, tomé el té, y noté que en una esquina
de la habitación había una imagen devota, y entre las
manos juntas de la imagen alguien había colocado un

papel doblado. Me picó la curiosidad, aunque me dio
reparo manifestarla, y aproveché el momento de la
despedida, al pasar de uno a otro en la familia, para
acercarme al rincón y echar una mirada rápida al papelito. En efecto. El papel doblado en las manos de
la imagen sagrada era un billete de lotería. Lo comprendí todo. La familia piadosa. La carestía de la vida.
La providencia estatal de la lotería. La neutralidad
del número premiado. Algo que no estaba en manos
del hombre (parece que es una de las pocas cosas en
que no se hace trampa) y, por lo tanto, estaba pura y
exclusivamente en manos de Dios. Pues roguémosle a
él y hagámosle fácil el satisfacer nuestras necesidades
y oír nuestras oraciones a un tiempo. Una vuelta más
al bombo, sale el número, y todos felices. Eso quería
decir el papelito aquel en las manos de la imagen
bendita.

Quiero manifestar mi respeto (y aun envidia) ante la devoción sencilla y ante el derecho (otorgado por
Jesús) que cada persona tiene a pedirle a Dios lo que
quiera. Pero el respeto a las prácticas de devoción no
está reñido con el sentido del humor, sobre todo cuando éste es sólo una manera ligera y traviesa de hacer
teología. Me refiero al problema que ese billete de lotería le estará causando a Dios. ¿Qué va a hacer con él?
¿Que le toque el premio? ¿Y no es eso trampa? Además, ése no es el único billete por el que se han ele-
vado oraciones. Hay otras familias piadosas y nece-
sitadas que han pensado lo mismo y rogado lo mismo: ¿Qué hacer ahora? ¿Echar a suertes entre los que
han rogado? Eso sería otra lotería. Pero lo más serio
del caso es que, si Dios decide que le toque el gordo
al billete que cuelga de sus manos en la estatua, pron-

se sabrá y cundirá la voz de que con poner el billete
en las manos de una estatua toca el gordo, ¡y no va a
haber estatuas en todo el país para el próximo sorteo!
Y si no hace caso de la oración y deja el billete sin
pedrea siquiera, ¿dónde quedan sus promesas de «pedid y recibiréis» tantas veces repetidas en los evangelios? Haga lo que haga, se le ponen las cosas difíciles
a Dios; es decir, difíciles a quienes tienen ese concepto de Dios, o quizá no a ellos en su sencillez bendita,
pero sí a quienes lo ven y piensan y reflexionan y sacan conclusiones y quieren velar a su manera por la
pureza del concepto de Dios para salvaguardar su
majestad y extender su reino. Es más importante tener una idea recta de Dios que ganar un sorteo de lotería. Y puede también servir de consuelo a algunos
el saber que, mientras haya quinielas, habrá quien
piense en Dios. Hago propósito de enterarme si hay
lotería en países ateos, y qué hace la gente allí con los
billetes. De algún sitio los colgarán.

Este episodio, rigurosamente histórico, tuvo un epí-
logo inesperado, también rigurosamente histórico, que
puede ayudar en el mutuo entenderse de las religiones que propugno. Volví yo a casa aquel día después
de aquella visita, y hablé de la experiencia y de mis
reflexiones con mis compañeros de sacerdocio y vida
religiosa. Uno de ellos comentó en seguida (sucedía
esto en la India): «Típica superstición de paganos con
sus dioses». Yo contesté: «Lo siento, padre. Se trataba precisamente de una familia católica, y la imagen
era de la Virgen del Carmen». En algunas cosas nos
parecemos mucho todas las religiones.

Por cierto, no les tocó la lotería.

Si Jesús hubiera nacido en la India

«Si Jesús hubiera nacido en la India, ¿qué concepto de Dios habría predicado?» me preguntó Kálelkar, filósofo amigo, mano derecha de Gandhi en el campo de la educación, interlocutor ideal para todo tema religioso, el cual, siempre que sus constantes viajes (vivía en el tren, según él) lo traían a Ahmedabad, me llamaba a desayunar con él, porque decía que a esa hora no venía nadie y podíamos hablar a gusto de los temas que a los dos nos apasionaban. «Yo admito el Nuevo Testamento», continuó, «porque admito a Jesús; pero no tengo por qué admitir el Antiguo Testamento. Es decir, yo mantengo las escrituras sagradas hindúes, los vedas y upánishads, en lugar del Antiguo Testamento, y a partir de ellos entronco y entiendo el Nuevo Testamento y a Jesús en él. ¿Me entiende usted?».

La idea, tan sencilla como atrevida, no era del todo nueva. El propio Gandhi, apóstol del Sermón del Monte, no pudo, a pesar de su buena voluntad, con el Antiguo Testamento, y en su lectura no pasó del libro de los Números (¡lástima!: es uno de los libros más reveladores de toda la Biblia si se sabe entenderlo...); y su discípulo Kálelkar proponía nítidamente el cambio de raíces en el árbol bíblico. Injertar el evangelio directamente en el tronco de los vedas. «¿Por qué he de ser yo hebreo?», me preguntaba. «¿Por qué hemos de ser circuncidados?», preguntaban los primeros griegos bautizados. La manera de hacer a Jesús verdaderamente universal es dejarle encarnarse en cada escritura sagrada y en cada tradición religiosa, con lo cual ganaría su figura y ganaría el mundo. Y nos lanzábamos a la hipótesis mientras tomábamos su desayuno favorito de habichuelas verdes florecidas con el rabillo crecedor asomando desde dentro del tierno cotiledón. Era vegetariano empedernido (no quiso un día aceptar una galleta en nuestra casa por temor a que estuviera hecha con huevo. ¡Qué más quisiéramos, le contesté).

El hinduismo propone tres «modelos» de Dios a sus seguidores. Uso aquí la palabra «modelo» casi en su sentido matemático. El conjunto de ideas, ecuaciones, gráficos, postulados y deducciones que describen en términos matemáticos una situación del mundo físico, de los mercados financieros, de la conducta humana, o aun de la reacción del cuerpo a un virus determinado, y ayudan a prever de alguna manera el desarrollo de ese sistema y a moverse en él con mayor facilidad. Ningún modelo es exacto; son sólo aproximaciones abstractas a realidades concretas, pero su estudio facilita enormemente la comprensión de los fenómenos de la vida, simplifica su expresión y hace avanzar sus aplicaciones. Sin modelos no podemos ya funcionar, y si confundimos los modelos con la realidad («el mapa con el territorio») tampoco podemos funcionar. Y eso se aplica también a los «modelos» conceptuales de Dios que voy considerando según van apareciendo. Maneras de definir a Dios sin las cuales no podemos referirnos a él o relacionarnos con él, pero que, si las confundimos con su realidad infinita, pueden ser contraproducentes y dañar esas mismas relaciones que queremos mejorar.

Digo que hay tres modelos fundamentales en el hinduismo: el Dios de la devoción, el Dios de la negación, y el Dios de la acción. Hay toda una elaborada terminología sobre la materia, pero me la salto. Voy al grano. El *Dios de la devoción* que presenta el hinduismo es el más semejante a la concepción cristiana de Dios. Tiene todos los rasgos que nos son familiares: creación, omnipotencia, amor, providencia, intimidad, encarnación... También en el hinduismo se encuentran profecías del redentor, nacimiento milagroso, matanza de inocentes por un rey envidioso, prodigios en favor de los pobres y oprimidos, predicación moral y muerte violenta. No se puede pedir más paralelo con el cristianismo, aunque haya serias diferencias conceptuales. Casi hace pensar en quién influyó a quién; pero, en cualquier caso, la coincidencia subraya esencias y acerca distancias. ¿Saben mis lectores españoles que en la India también se ponen belenes, no sólo a Jesús por Navidad, sino a Krishna en *yanmáshtami* (que también quiere decir «navidad», aunque caiga en agosto, porque *yamna* es «nacimiento»)? También Krishna nace a media noche, se le cantan villancicos, lo adoran pastores, se le mece en la cuna, se aspira tener por él el cariño que le tiene su madre Yashoda y su padre (que no lo ha engendrado) Nanda. Es el Dios niño, amigo, amante, compañero, que presta socorro, da consejos y acompaña en la vida. El «camino de la devoción» es, según los maestros de espiritualidad hindúes, el más fácil, el más corriente, el más universal de los caminos que llevan a Dios; y como tal se practica de mil modos y maneras, con fiestas y peregrinaciones y color y alegría, de norte a sur de la India. Si Jesús hubiera nacido en la India, podríamos haber tenido un cristianismo muy semejante al que tenemos —con villancicos y todo.

Pero hay otros caminos. «El «camino del conocimiento», que corresponde al modelo del *Dios de la negación*. Aquí Dios se aparta, se aleja, se hace impersonal, se escapa a toda imagen y a todo concepto, y el «conocerlo» consiste en saber que «no se le conoce». La fórmula repetida es *neti-neti* («no es esto, no es esto»), que lleva a desprender no sólo a los sentidos, sino al mismo entendimiento, del afán de aprehender a Dios en sus moldes. No es esto, pasa adelante; no es esto, busca más allá. Escala mística, salida nocturna como la de nuestro san Juan. Apenas he tenido una experiencia, un contacto, una vivencia religiosa que quiero atesorar, retener, inscribir en mi memoria y repetir en mi conducta, cuando una voz secreta me dice al oído: No es eso, no es eso; déjalo pasar; da las gracias, pero no te pares; aprecia lo que has recibido, pero sigue adelante. Negar para saber. No saber nada para saberlo todo. Desprendimiento total, ascética de conceptos, austeridad de pensamiento. «Quien quiera salvar su vida, la perderá; mas quien la pierda por mí, la encontrará». Premisa de paradoja llevada a sus últimas consecuencias.

La paradoja es que, del decir «no» a todo, se pasa sin sentir al decir «sí» a todo. Los extremos se tocan, la serpiente se muerde la cola (símbolo favorito hindú), la rueda eterna sigue dando vueltas. De nada se puede decir que es Dios, y así se acaba por decir, con irrefutable lógica oriental, que todo es Dios. Panteísmo, monismo, *advaita*. La teología del no-hay-dos. Todo es uno. Todo es Dios. Y yo con ello. Yo soy Brahma. Ese es el credo y confesión última del «camino del conocimiento». Saberme a mí mismo (en mi finitud y limitación y pequeñez, que demasiado bien conozco) unido e identificado con la esencia divina del mundo; verme a mí mismo como manifestación concreta del todo cósmico, como una pulsación del universo o una brisa de viento estelar.

En mi fervor por entender y explicar posturas ajenas, desde mis primeros años en la India me llegué a arriesgar con temeridad aún más allá de lo que podía uno permitirse en aquellos años uniformados del preconcilio. Un día, casi llegué demasiado lejos. Estaba yo defendiendo en acto público unas tesis teológicas de religión comparada, y me adentré confiadamente en las nocturnidades del «yo soy Brahma», que refleja desde dentro la postura central del hinduismo ortodoxo, con verdadero entusiasmo. Eso fue demasiado para el presidente de la sesión, guardián fiel de la tradición estricta, que interrumpió mi exposición desde la presidencia y me increpó con autoridad: «¿Cómo puede usted decir ni en broma 'yo soy Brahma', cuando se trata de una contradicción evidente que pretende igualar a un ser limitado, y bien limitado, con la infinitud de Dios?» Contesté: «También digo todas las mañanas con fe y reverencia 'Esto es mi Cuerpo', y entiendo que lo que a un espectador indiferente le puede parecer una proposición absurda que iguala dos términos irreconciliables, es para mí, en la gratitud del don recibido, fuente de gracia y misterio salvífi-

co». Entonces sucedieron simultáneamente dos cosas
en el gran salón académico donde tenía lugar el acto.
El presidente se levantó furioso, con el rostro encen-
dido, e intentó decir algo; y al mismo tiempo resonó
en todo el salón una ovación cerrada de mis compañeros de estudio que ahogó sus exclamaciones y me
salvó la vida. Más adelante supe que el presidente había enviado a Roma, con intención poco amiga, un
informe detallado de mi actuación pública en aquel
día (sin decirme a mí nada), y que mi nombre volvió
absuelto de toda sospecha de herejía. No funcionaron
las hogueras.

    Este camino no es, desde luego, el más popular,
pero sí el que es considerado más noble y puro y digno de Dios y del hombre. Evitando extremos panteís-
tas, éste es el camino de los místicos, cualquiera que
sea su lenguaje o su no-lenguaje, los cuales conservan
vivo en todas latitudes el fuego sagrado de la inacce-
sibilidad de Dios y su inefable unión con el hombre.
Concepto de Dios difícil, incluso peligroso, pero salu-
dable y necesario para salvaguardar su infinitud; o
mejor, no-concepto que, al renunciar a todo, lo inclu-
ye todo. Ese concepto ha alimentado mucha piedad y
mucha contemplación en el corazón del hombre. Sólo
que a ese Dios no se le pueden cantar villancicos.

    Y aún presenta el hinduismo un tercer modelo. El
Dios de la acción. El dogma práctico del deber por el
deber, el hacer el bien y cumplir con la vida, entrando
así en ese ciclo cósmico de reencarnaciones sucesivas,
cada una de las cuales viene determinada por las obras
de la anterior, en ritmo que en conjunto es ascenden-
te hasta la liberación final y el gozo eterno. Aquí se
llega a Dios no por la devoción o contemplación, sino

por la acción, el trabajo, el deber; y consiguientemente, Dios es el orden del universo, el equilibrio moral que premia el bien y castiga el mal, la ley de la coherencia funcional de todo lo que existe. Conocer es obrar, el trabajo encarna a la oración, y la ortopraxis rige a la ortodoxia. Esto parece muy abstracto, pero en esa filosofía basó Gandhi su programa de independencia; el pueblo indio, que sabe la doctrina porque vive la tradición, le entendió al instante... y el imperio británico hubo de abandonar la «joya de la corona». El «camino de la acción» puede resultar eminentemente práctico.

Lo interesante del hinduismo es la coexistencia y el reconocimiento oficial de los tres modelos; la opción que esto representa para cada grupo o cada individuo, o aun para el mismo individuo en distintas etapas de su ascenso espiritual; y la interacción de los tres modelos entre sí en la historia de la India y en la mente y el corazón de cada hindú. No hay sospechas contra el místico en la India (el Occidente no puede decir lo mismo) ni menoscabo del devoto; cabe la más alta filosofía y la devoción más sencilla, y allí se forma esa riqueza multicolor que es el hinduismo secular y actual, de turistas y de sabios, de vivencia profunda y eterna en el triángulo sagrado del mapa terrenal y espiritual de la India.

Dejo sin respuesta la pregunta «¿qué hubiera pasado si Jesús hubiera nacido en la India?», porque sé que no la tiene. Ello no obstó para que yo disfrutara de unos desayunos bien sabrosos, si no gastronómicamente, sí intelectualmente, con aquel gran pensador y maestro que fue Kálelkar.

Por tierras vírgenes

Aparte de las grandes religiones de todos conocidas y en ella representadas, la India cuenta con una reserva espiritual enorme que apenas se conoce y de la que apenas se ha aprovechado aún el mundo, y es la riqueza inmensa, en números y en folklore y en costumbres y en creencias, de las religiones aborígenes, distintas del hinduismo y todas sus ramas, que subsisten vigorosamente en la India virgen de las tribus y los poblados en bosque y llanuras y mesetas de toda la geografía peninsular. Es tradición animista que une a la India con el Africa negra, así como el Islam la une con el mundo árabe, el budismo con el resto de Asia, y el cristianismo con Europa. Verdadero centro de encrucijada.

El aborigen vive muy cerca de la naturaleza, y de ahí deriva su fuerza. La naturaleza está «animada», llena de alma y de vida, su Dios es su cielo y su tierra y sus árboles y sus lluvias, todo ello enriquecido con una mitología multicolor de creaciones y diluvios y lucha del bien y del mal, y vivido en una liturgia de fiestas que movilizan a regiones enteras en los grandes momentos campestres de la sociedad agrícola. Hay que verlos bailar para entenderlos.

El baile es una actividad religiosa. En la India decimos que Dios crea el universo bailando. Dios no «crea»
el mundo, sino que lo «baila». Y también, en ciclo inevitable, lo destruye bailando. Ahí hay mucha teología.
El baile no es distinto del que lo baila, y así, la creación no es distinta del creador; y sin embargo, sí añade algo a la lisa existencia del primer Ser, pues no es
lo mismo un danzante parado que un danzante dan-
zando. Imagen esta que vale por muchos dogmas. Por
eso a la India entera le gusta danzar, y cada provincia tiene su estilo y cada grupo su tradición.

Entre los aborígenes no hay escuelas de baile. Lo
aprenden junto con la vida, y lo ejercitan al andar,
al moverse, al trabajar con el ritmo que llevan metido
en el cuerpo y les sale sin esfuerzo, hagan lo que hagan. Mientras doy clase de matemáticas en la universidad, veo muchos días por la ventana a un grupo de
mujeres aborígenes que se dirigen al trabajo. Y van
cantando y bailando en medio del tráfico de los co-
ches y las motos y las bicicletas, pincelada de vida sobre un mundo de acero.

He dicho que van al trabajo, y ésa es la única cosa
que no les gusta. Estoy convencido de que Dios no
hizo a los aborígenes para trabajar. Lo hacen cuando
no tienen más remedio que ganar algo para vivir, y lo
dejan al instante en cuanto tienen cuatro cuartos para
ir tirando. Ni la productividad ni el ahorro son cen-
ceptos de su cultura. Una mañana vi a una mujer que,
sentada en el pavimento, vendía los palitos de limonero recién cortados que la mayoría de los indios usan
en vez de cepillo de dientes para la higiene de la boca.
Les desagrada, y es contrario a su idea de limpieza,
meterse en la boca un trozo de plástico repetido día

a día, y prefieren el toque vegetal del palo fresco de
limonero que muerden primero en su punta para hacer la brocha, (que hace de cepillo) y sacarle el jugo
(que hace de pasta de dientes), frotarlo después en
lento ritual mañanero, y tirarlo después para emplear
otro fresco al día siguiente. Por eso hay que comprar-
los cada día, y ése era el negocio mínimo de la mujercilla sobre el pavimento. Aquel día la compra había
sido rápida, y todavía temprano se le había agotado
la mercancía. Lo observé y le dije, con el espíritu occidental de actividad y productividad y competencia
que no acaba de dejarme a pesar de haber vivido tantos años en la India: «Aún tienes tiempo de traer otra
carga, y hoy puedes ganar el doble». Ella me miró sin
entender, recogió sus trapillos y murmuró al marcharse: «¿Ganar el doble? ¿Para qué? Hoy tengo ya lo de
hoy, y mañana ya vendrá lo de mañana». Economía
de otro mercado. Ahí querría yo ver a Galbraith.

El aborigen no tiene sentido del pecado o de la cul-
pabilidad moral. Esto lo aprendí yo a costa mía en
una Semana Santa. Había ido yo a pasarla a un pue-
blecito en pleno terreno aborigen donde un sacerdote
compañero mío había abierto un campo nuevo y tra-
bajaba con gran celo. Me pidió un favor. Tenía unos
veinte adultos que habían aceptado a Jesús y se habían
bautizado pocos meses antes. Llevaban ya plena vida
sacramental, pero aún no habían hecho su primera
confesión, y la llegada de un sacerdote de fuera como
era yo (un «confesor extraordinario», en términos técnicos) parecía apropiada para su primera confesión
sacramental, salvando así el natural pudor de mencionar sus pecados ante su propio párroco de trato diario. Me aseguró tenerlos bien instruidos, y yo no te-

nía más que ejercer mi ministerio sacerdotal con que-
llos penitentes en primicia penitencial. Acepté en el
acto. Preparé una sala acogedora y esperé al primero
del grupo. Entró un mocetón alto y sano, que tendría
unos venticinco años, y avanzó hacia mí y la mesa y
el crucifijo con paso firme y sonrisa abierta, invitando
la gracia de Dios. Le hice ponerse cómodo, recé algo
con él, y esperé. Estarían bien instruidos y sabrían lo
que tenían que hacer, pero éste no arrancaba. Tuve
que arrancar yo. Con mucho tacto y delicadeza tan-
teé el terreno. «Ahora que hemos rezado ante Dios y
estamos en el sacramento de la reconciliación, ¿quieres mencionar algo malo que hayas hecho para que
Dios te lo perdone...?» Me interrumpió sorprendido:
«¿Yo? ¿Algo malo? No, padre, yo no hago nada malo».
Buen comienzo. Lo intenté otra vez con terminología
más clara. «¿Algún pecado que hayas cometido...?»
Se sobresaltó: «¿Pecar? ¿Yo? Por favor, padre, no
diga eso. Yo no hago daño a nadie». No hubo manera.
Y me había asegurado el párroco que estaban todos
bien instruidos. ¡Pues si no lo llegan a estar...! Acabé
el sacramento como mejor pude, y recibí al siguiente.
La misma escena. Y así todos ellos. No hubo suerte.
Pinché en hueso de todas todas. De veinte neófitos no
saqué ni un solo pecado. Sí saqué la triste reflexión:
¿será que el cristianismo consiste en hacer primero
que nos sintamos pecadores para poder luego sentir-
nos redimidos? Aqullos muchachos eran gente honra-
da, sana, recta, que tenían sin duda sus defectos y sus
debilidades, pero para quienes la idea de «ofender a
Dios» era sencillamente inconcebible. Sí comprendían,
y éste era su gran y único mandamiento, que no hay
que hacer daño a nadie; pero aun eso no como un mal

moral del que había que arrepentirse, sino como un daño causado que había que reparar pagando los gastos, y asunto concluido. ¡Y pensar que yo había estudiado dos años de cánones y teología moral para eso! Dejé a aquellos bravos muchachos con su buen párroco, a ver sin por fin conseguía enseñarles a pecar debidamente... para que al menos pudieran confesarse como Dios manda.

La gran sombra del mundo aborigen es la magia. Agoreros, hechiceros y curanderos explotan la credulidad de la gente y engendran el miedo. El concepto del Dios en la naturaleza lleva a fuerzas ocultas, hechizos, maleficios, y de ahí al miedo elemental del hombre en la selva y al abuso y la extorsión por parte de quienes saben aprovecharse de ese temor y explotarlo en beneficio propio.

Y la gran oportunidad y el gran desafío para los muchos millones de aborígenes en la India hoy es el conservar su identidad en medio de otras corrientes que quieren asimilarlos, de intereses creados que pretenden dominarlos, y del mismo progreso material que todo lo invade, y así poder contribuir con su candor, su encanto y su inocencia a refrescar este complicado mundo en que vivimos.

Chistes y terrorismo

Los distingue el turbante, la barba en su redecilla y el brazalete de acero en la muñeca. Aun sin conocer su nombre, a cualquiera de ellos se le puede llamar «*sardaryi*», que quiere decir «capitán», y responde en seguida con benévola sonrisa. También se le puede llamar a cualquiera de ellos «señor Singh» que quiere decir «señor León», y contestará complacido, porque todos añaden el sobrenombre «León» al final de su apellido. Son astutos negociantes y dominan el comercio en el norte de la India (uno de ellos es mi colega más brillante en el claustro de profesores de matemáticas en la universidad), pero una mezcla de ingenuidad y bondad les ha convertido en blanco de chistes universales, y hay chistes de *sardaryis* en la India como hay «chistes escoceses» en Inglaterra o «chistes polacos» en Estados Unidos. Cuando alguien cuenta uno, es seguro que alguien más seguirá con otro y otro, hasta que uno del grupo se hace el interesante y dice: «¿Habéis oído el chiste del *sardaryi* inteligente?» Todos callan, y él comienza: «Había una vez un *sardaryi* inteligente...» Sigue la expectación, y él termina: «Ese es el chiste». Y si hay un *sardaryi* presente, él es el primero en reírse de buena gana.

Los *sardaryis* son los *sikhs*. (Es error lingüístico escribir *sijs*, pues la palabra no viene del árabe, sino del sánscrito, por lo que la «ka» ha de pasar al castellano con sonido y grafía de «ka», no de «jota», como sucedería si fuera árabe). Históricamente, también son pueblo de paz y armonía entre las dos grandes comunidades indias, hindúes y musulmanes, cuyas creencias religiosas trataron de reconciliar en un nuevo credo con rasgos de ambas partes; y como gente de paz actuaron y siguen actuando la mayoría de ellos dondequiera que estén. Pero la historia los ha llevado, irónica y tristemente, por otros derroteros; y un pueblo hecho para la paz luchó primero contra los musulmanes, luego contra los ingleses, y ahora contra todo el mundo, en ese gesto trágico de separatismo inútil que está marcando a hierro y sangre la afligida sociedad de nuestros días.

He hablado, capítulos arriba, de la manipulación de Dios por la política. Este es un triste ejemplo. Existe una unidad lingüística, racial e histórica entre un noble grupo de una gran nación. Se despierta la ambición de unos pocos, la tentación del poder que adquirirán en un estado distinto donde mandarán ellos, y nace el separatismo. Y se cobija la ambición política bajo el fervor religioso. Hay que salvaguardar la pureza de nuestra religión, hay que morir por nuestra fe, hay que defender a Dios. Es decir, hay que matar en nombre de Dios. Y un templo se hace polvorín, los sermones se hacen arengas bélicas, la religión se hace política y el amor se hace odio. El terrorismo religioso es la degradación última a que ha podido llegar la religión.

La religión *sikh* se formó a través de diez gurus

en sucesión ininterrumpida, y ese fuerte liderazgo le dio energía y cohesión, pero creó también una dependencia de la personalidad del guru que llegó a ser peligrosa. El último guru, Govind Singh, suprimió la institución, declaró que no habría más gurus y estableció en su lugar el Libro, el Granth Sahib, para que rigiera con su presencia los destinos de su pueblo. Ese es el Libro que se conserva en el templo de oro en Amritsar y que no sólo en su contenido, sino en su misma realidad física y presencia sacramental, es el centro de la fe y la devoción del pueblo *sikh*. Hay algo muy bello en esta consagración y fidelidad al ejemplar único que representa a Dios en la tierra y resulta casi una encarnación de su presencia real y de su palabra viva. Pero hay un peligro también en proyectar el concepto de Dios sobre un libro único, ya que el libro pide una vitrina, la vitrina un templo, el templo un territorio, y el territorio una autoridad que resulta a un tiempo religiosa y militar y reclamará en su día la separación y soberanía política de ese territorio que preside su Libro. Limitar el concepto de Dios en tiempo y espacio fijos y permanentes lleva, a la larga, a la guerra «religiosa» y al terrorismo «sagrado». Así murió Indira Gandhi.

Ya sufríamos bastante en la India con la fricción religiosa entre hindúes y mahometanos cuando vino a añadirse este otro frente de fricción religiosa con los *silkhs*. Me encontraba yo una vez en Niza asistiendo a un congreso internacional de matemáticas en representación de la India junto con el colega *sikh* que he mencionado al comenzar el capítulo. Comentábamos la hermandad que existe en la comunidad científica universal y que se manifestaba en aquel congreso don-

de rusos y americanos, cristianos e hindúes, creyentes
y ateos se mezclaban sin distinción de ninguna clase y
aprendían unos de otros en plena camaradería matemática, por encima de prejuicios y fronteras. El era
hombre muy religioso, al par que muy inteligente; y
al intercambiar experiencias, aunque el problema de
los *sikhs* no tenía aún entonces la agudeza y gravedad
que pronto había de alcanzar, no pudo evitar el comentario dolorido: «Parece como si la ciencia nos uniera, mientras la religión nos divide». Su ponencia en el
congreso tuvo gran aceptación, y la siguió un animado
coloquio entre los concurrentes. No preveía él entonces que pocos años más tarde había de tener una experiencia bien distinta en su propia patria y en su propia universidad. En los tristes días que siguieron al
asesinato de Indira Gandhi por su guardia personal
sikh, mi colega, al ir a dar su clase de siempre, cono-
cida y apreciada por la brillantez de sus exposiciones
y la rapidez de sus argumentos, se encontró con el
aula vacía y unas palabras insultantes para su pueblo
escritas groseramente en la pizarra. La sangre de
Delhi había salpicado su clase, y el crimen de sus co-
rreligionarios oscurecía temporalmente la nitidez de
sus ecuaciones.

La violencia, el separatismo y el terrorismo han en-
turbiado la imagen, siempre bondadosa y amable, del
turbante y la barba en su redecilla y el brazalete de
acero en la muñeca. Ya no se cuentan chistes de
sardaryis en la India. Es una pena.

La mente vacía

La primera vez que un hindú, hablando de oración, me preguntó: «Padre, ¿cómo acallar el pensamiento, mantener a raya las distracciones y conseguir que la mente quede del todo vacía al meditar?», contesté con un tono impulsivo de autoseguridad agresiva: «La oración no consiste en vaciar la mente, sino, al contrario, en llenarla; llenarla de buenos pensamientos, de santos propósitos, de palabras del Señor en la Escritura, de las reflexiones que hagamos sobre ellas, lo que nos diga el Señor y lo que le digamos a él. Una mente vacía no sirve de nada; hay que llenarla de Dios, y para eso está la oración». Me quedé muy orgulloso de mi respuesta, que reflejaba al cien por cien mi engreída superioridad occidental de colonizador espiritual del mundo infiel, y me pareció haber dado una buena lección en el arte de meditar. Aunque también es verdad que ya entonces noté en quien me había hecho la pregunta, que era una dama de exquisita educación de la alta sociedad de Bombay, que algo había en mi actitud que a ella le había parecido impropio y que disimuló discretamente cambiando de conversación. Quedé ligeramente corrido y anoté el desliz en mi mente. Me costó años descubrir, entender y apreciar la ma-

nera que el Oriente tiene de orar, y su diferencia, típica de la diferencia este-oeste, en entender la realidad
religiosa y reaccionar ante la vida, en la manera de
prepararse para acercarse a Dios. Diferencia que refleja e influencia una vez más el diferente concepto
de Dios.

Casi puede decirse, en sinopsis rápida, que la diferencia religiosa, teológica, ascética entre Oriente y
Occidente es que el Occidente quiere llenar la mente,
mientras que el Oriente quiere vaciarla. A mí me en-
señaron en mi aprendizaje religioso que la meditación
tenía que ser «práctica», que había que prepararla con
«puntos» cuidadosamente trabajados la noche anterior, con consideraciones previstas y diálogos orien-
tados (coloquios) con el Señor. En mi noviciado con-
taban la historia del novicio que tuvo la osadía sacrí-
lega, pero irremediable, de interrumpir la oración matutina de un compañero para preguntarle cuál era el
segundo punto de la meditación propuesta por el padre maestro la noche anterior, pues no podía acordarse y le era imposible ir adelante o volver atrás en pleno atasco contemplativo. Y, sobre todo, de la meditación había que «sacar fruto», había que orientarla
a resultados concretos, había que hacer sentir su influencia en el día y en la vida. ¿De qué has medita-
do hoy?, ¿cómo te ha ido?, ¿qué provecho has saca-
do?, eran preguntas que uno debía estar dispuesto a
contestar después de una hora de meditación. Nos decía nuestro buen maestro: «Se levantan ustedes temprano, se preparan para la oración, se pasan una hora
entera de rodillas; y si después de todo eso no hacen
'nada' en esa hora, no sacan 'nada' de ella, y no cam-

bian 'nada' en su vida por ella..., están ustedes perdiendo el tiempo».

Todos esos conceptos, por legítimos que sean y
útiles que nos parezcan a nosotros, son pura herejía en Oriente. Aparte de la noción de «perder el tiempo», que es concepto y actitud exclusiva y atormentadoramente occidental, eso de «sacar» algo de la contemplación, de aplicar criterios empresariales de «productividad» a la actividad del espíritu, de marcar una
meta y medir resultados, todo eso, digo, destruiría
para el oriental la esencia misma del meditar en paz,
del contemplar la realidad, del ser uno mismo en unidad de alma y cuerpo, pensamiento y sentidos, persona y entorno, que devuelve el equilibrio al alma y
el bienestar al ser entero, y en donde se encuentra a
Dios en el silencio de los sentidos y la unidad del ser.
Hay que acallar el ruido del tráfico ingente del vivir,
y el mayor ruido no es el de fuera, sino el de dentro;
no es el de los oídos, sino el del entendimiento; y por
eso hay que frenar las ideas, silenciar el pensamiento,
vaciar la mente.

La oración de «quietud» no es exclusiva del Oriente; es patrimonio de contemplativos y místicos en cualquier religión y en cualquier latitud. La diferencia es
que en Occidente esa oración ha sido tradicionalmente
minoritaria, evitada y aun sospechosa de ser ajena a
la ortodoxia. El «quietismo» es herejía condenada, y
el «iluminismo» iluminó muchas hogueras de la Inquisición. A la mentalidad práctica y activa de Occidente nunca le cayó bien la aparente pasividad de la
mística espera. En cambio, en Oriente esa actitud es
connatural, obvia y evidente; y de ahí venía la natu-

ralidad de la pregunta «¿cómo vaciar la mente?» que
yo no supe en un principio contestar.

Para vaciar la mente se va reduciendo el contenido intelectual de la oración. La repetición sencilla del
nombre de Dios, unida a los ritmos naturales de la
respiración, el pulso, o el paso al caminar, es práctica
universal que mantiene el contacto sin cargar la mente. Basta viajar en la India en un vagón de tren (lleno irremediablemente hasta los topes) y fijarse en los
labios de los compañeros de viaje para constatar el
hecho. No idealizo paisajes indios ni digo que todo el
mundo se pase el viaje rezando. Hay quienes fuman
o duermen o leen el periódico o juegan a las cartas.
Pero allí, en aquel rincón, hay un hombre maduro de
sencillo vestir que ni lee el periódico ni charla ni fu-
ma. Y sus labios se están moviendo rítmicamente en
silencio. Viaja con Dios. Y al otro lado, una joven madre con un niño en brazos lo mira y lo cuida y le habla y lo arrulla... y entre medio sus labios también
arrullan a Dios. El nombre sagrado, la repetición rítmica, la plegaria incesante, el contacto vital. La India
entera respira el nombre de Dios en los vientos del
Himalaya y en la corriente del Ganges, en el peregri-
nar de sus gentes y en el edificar de sus templos, en
el aliento de los fieles y en el movimiento de sus labios. Un continente que palpita a Dios, y lo hace con
tal naturalidad, sencillez y calma que casi ni se le da
importancia, ni se presta atención, ni se nota... que
es la mayor nobleza del bien rezar.

Un día iba yo muy temprano por la mañana, en
el frío del invierno del monte Abu en el Rajasthán,
recorriendo a pie la distancia de poco más de un ki-
lómetro que separaba nuestra casa del convento de

las monjas donde había yo de decir la Misa de comunidad. La carretera estaba desierta, y yo iba con jer-
sey, guantes y bufanda, y caminaba a paso ligero para
reaccionar contra el frío. El rato de camino solicita-
rio era parte de mi hora de meditación matutina y
preparación para la Eucaristía que iba a celebrar, pero ello no me impedía fijarme en los alrededores y ver
lo que pasaba. Al cabo de un rato noté que alguien iba
por la carretera delante de mí. Era una mujercilla
menuda, vestida sólo con un escaso sari recogido entre las piernas, al estilo de las mujeres trabajadoras,
para andar mejor. Sobre la cabeza llevaba un enorme
haz de leña seca que equilibraba con un largo palo
fijo en el haz y manejado hábilmente por su mano
derecha. Avanzaba a pasos menudos pero rápidos, y
sus pies descalzos, la nubecilla de su aliento y su figura entera creaban un punto penoso de frío humano
sobre el paisaje inerte. Sabía yo que había familias
pobres en los alrededores que se afanaban en recoger
la leña seca caída del monte a lo largo del día, para
venderla a primera hora de la mañana en el mercado
central. A eso iba aquella mujercilla cuando la divi-
sé. Yo andaba más rápido que ella, me acerqué, la al-
cancé y la adelanté. Al hacerlo, noté que iba diciendo
algo, y presté atención. Al ritmo de sus pies descalzos sobre el frío asfalto iba repitiendo con terca y
tierna devoción las palabras sagradas: «¡Oh, mi Dios;
oh mi Señor! ¡Oh mi Dios, oh mi Señor!» Rezaba al
andar, sus pasos eran las cuentas de su rosario, su
teología eran dos palabras, Dios y Señor, y su devoción llenaba el monte entero en el amanecer silencio-
so de los picos dorados. Seguí oyendo su breve jacu-
latoria según me fui alejando. Allí iba yo, envuelto en

mi bufanda, haciendo mi «meditación» de la mañana,
es decir, pensando en el gran desayuno que las buenas hermanas me iban a dar después de la Misa y que
constituía el gran atractivo de las vistas matutinas al
convento, ya que en nuestra propia casa los desayunos eran tristemente masculinos y desesperadamen-
te monótonos. ¡Buena meditación llevaba yo! Profesional del espíritu, años de formación, miles de medi-
taciones, sacerdocio, votos, teología pastoral y cursi-
llos de ejercicios... y aquella mujercilla del campo rezaba mejor que yo; es decir, ella rezaba y yo no. Y
ella rezaba porque tenía a mano la manera de hacerlo, porque había heredado un reflejo ancestral que la
llevaba a pronuciar el nombre de Dios al andar, al
respirar, al vivir, como parte misma de su ser. La
oración, al hacerse más sencilla, se hace más universal y lo llena todo. A mí me dio mucho que pensar
aquella mañana de invierno carretera arriba hacia el
convento. Al llegar, en la Eucaristía, al momento de
hacer algunas reflexiones después del evangelio, dejé
a un lado los pensamientos que había preparado y conté sencillamente mi experiencia.

Tambien hay abusos. Es célebre, porque el hecho
histórico se llevó al teatro y escandalizó a una generación, el de una suegra que, al preparar el veneno
para matar a su nuera, lo hizo repitiendo el nombre
de Dios, por costumbre enraizada que, por un instante asesino, convirtió la adoración en sacrilegio. Hay
rutina y hay olvido y hay manipulación y hay todas
las miserias que el ser humano se inventa para lograr
estropear la costumbre más santa. Pero la tendencia
y la dirección subsisten. Reduce el contenido intelec-

tual de la oración, y subirá su calidad. Haz callar a la
mente para que hable el corazón.

Este es sólo el portal de entrada de donde parten
luego enseñanzas y prácticas cada vez más y más re-
finadas para acallar la mente y despertar la fe. Las
escuelas son muchas, y las experiencias multiformes;
pero la dirección es constante. Negar las apariencias
para que surja la realidad, domar el pensamiento para liberar la verdad, vaciar la mente para que la llene Dios. A eso se dedica la India hace siglos. También existen en la India (y el turismo y el periodismo
de hoy se encargan de pasear las imágenes por el mundo entero) las manifestaciones multitudinarias y sono-
ras del culto paralelo al «Dios de la devoción»; el es-
caparate multicolor que guarda con distracción estudiada el hondo secreto de familia y lo protege desvian-
do astutamente las miradas de los meramente curio-
sos al espectáculo fácil y folklórico; la portada, que
para muchos se queda en portada, del tratado íntimo
y secular de cómo llegar a Dios. Todo eso coexiste y
vive y palpita y se ayuda y se complementa. Y en el
centro queda siempre la no-imagen excelsa del Dios
sin rostro y sin nombre, porque su nombre está sobre todo nombre y su concepto sobre todo concepto.
La gran oración de la India es el silencio, porque el
gran Dios de la India es el Dios de la negación. Por
eso había que vaciar la mente.

La fe del carbonero

Cuesta vaciar la mente. Cuesta silenciar el pensamiento. Cuesta despedir la imagen. Quiero resaltar esta dificultad práctica con un incidente ocurrido en la propia «tierra de la negación», la India de que voy hablando.

Para contrarrestar los efectos de la superstición entre la gente sencilla, un grupo progresista de jóvenes hindúes se lanzó a ir de pueblo en pueblo como una compañía de teatro, y representaban obras compuestas por ellos mismos, entretenidas en el diálogo y luego enderezadas a comunicar un mensaje claro y decidido contra la superstición, la fe ciega, los abusos cometidos en nombre de la religión.

Uno de sus sainetes consistía en lo siguiente: Sobre el escenario improvisado en la plaza del pueblo, por la noche, cuando todos han terminado sus tareas y su cena, y la curiosidad se apodera del pueblo entero en el ocio hereditario que aún no ha violado la esclavitud de la televisión, los jóvenes actores discutían sobre los supuestos milagros que hacen los *sadhus* o santones religiosos venerados en toda la India como hombres de Dios, algunos de los cuales abusan de la credulidad de las masas para ganarse el respeto y el dinero de los fieles con trucos de magia, cuya ejecución es pura prestidigitación, pero cuyo contenido aparece como religioso. El truco favorito consiste en hacer aparecer cenizas sagradas, que son objeto de especial veneración, del puño cerrado que estaba vacío un momento antes, cuando la mano estaba abierta a la vista de todos, y que luego hace como si salieran las cenizas del cuello o de la manga de cualquier víctima voluntaria, o incluso llovidas del cielo; entre la veneración y la sorpresa del pueblo crédulo. También se hacen aparecer estampas y medallas de los dioses favoritos, puede quedar el *sadhu* suspendido en el aire, adivina cosas que hayan sucedido en el pueblo el año pasado y predice las que hayan de suceder al siguiente. Programa completo que, con variantes personales, se repite de fiesta en fiesta y de pueblo en pueblo y satisface a las necesidades espirituales de la gente y a las materiales del *sadhu*. En la India basta vestirse de *sadhu* para no morirse de hambre.

Nuestros jóvenes actores discutían todo eso en el escenario, y luego, como parte de la representación, hacían una oferta al público: «Si hay algún *sadhu* entre ustedes que esté dispuesto a obrar cualquiera de esos milagros aquí en el escenario, a la vista de todos nosotros, le daremos un millón de rupias». Eso producía una mayor conmoción en el auditorio que el final de una tragedia melodramática. Se exhibía el millón de rupias en billetes, que eran muchas rupias y muchos billetes, como nadie en el pueblo había visto nunca juntos, y se vivía por unos momentos la emoción de la espera. Todos los cuellos se volvían a un lado y a otro, deseando que saliera algún campeón de la fe y aquellos jóvenes descarados perdieran el millón de rupias.

Entonces salía el campeón de la fe. Desde detrás del público se oía un «¡Yay Mahadev!», grito sagrado de combate espiritual (algo así, para dar un equivalente cultural, sin intención alguna de comparar ni menos ridiculizar la situación, como un «¡Viva Cristo Rey!» sonaría en nuestros oídos), y un auténtico *sadhu* con barba, tridente ritual (otra vez, en equivalencia cultural, algo así como el báculo de un obispo) y vestido «butano», aparecía en la última fila triunfante y confiado, se abría paso entre el público que lo ovacionaba, subía al escenario, invocaba a Dios y se ponía a hacer todos los milagros de la serie. Las cenizas, las medallas, las adivinanzas y las predicciones, con un par de actuaciones de propina. El *sadhu*, desde luego, era uno de nuestros jóvenes actores disfrazado, aunque la gente no lo sabía ni lo sospechaba, y creían que era un hombre de Dios auténtico y que auténticos eran también sus milagros. Ante su actuación impecable, los espectadores exigían que se le diese el millón de rupias y los actores, racionalistas, cariacontecidos, tenían que acceder a ello.

Pero en aquel momento surgía del público otro actor, se proclamaba agnóstico de convicción y mago de profesión, y repetía uno a uno los trucos del *sadhu*, explicando el sistema y revelando la trampa. El mismo *sadhu*, ante tal evidencia, tenía que rendirse, confesaba ante todos que había engañado al pueblo y devolvía el millón de rupias. No paraba allí la cosa, pues, para grabar más la lección en la mente del pueblo, los actores entonces se indignaban; se abalanzaban sobre el *sadhu* y se ponían a darle una paliza; paliza de es-

cenario, claro, sin golpes de verdad, pero lo suficien-
temente bien ensayada para parecer real y hacer al
sadhu pedir misericordia a gritos por todo el escenario.

Y aquí venía lo interesante (y digo «venía» porque
sucedía en todos los pueblos, no sólo en el que yo vi)
y lo que constituye el motivo y la inspiración que me
hace contar aquí todo este incidente. La gente había
entendido perfectamente que el tal *sadhu* era un im-
postor y que se trataba tan sólo de una representación teatral; pero era tal el poder del «paño», del vestido color «butano», de la imagen del hombre de Dios
en la mente del pueblo, que al empezar la paliza, los
espectadores se levantaban a una y gritaban: «¡No
le peguéis!, ¡dejadlo en paz!, ¡dejadle marchar!, ¡es
un hombre de Dios!, ¡no le hagáis daño!» Y los actores racionalistas, con todo su celo reformador, veían
destruida su evidencia por el sentimiento religioso del
pueblo devoto. Conseguían salvar el millón de rupias,
pero no había paliza, no había lección.

No es que los del pueblo fueran tontos. Sabían
perfectamente lo que había sucedido. Es que la imagen no muere, y ver cómo un hombre vestido de hábi-
to religioso, aunque sea un actor recibe una paliza, es
algo que el público hindú no puede soportar, aunque
sea merecida o aunque sea de mentirijillas. La imagen hiere, desentona, desgarra. El público se pone de
parte del color «butano» y grita a una : «¡Dejadlo
en paz!»

La imagen no muere. En nosotros tampoco. Asen-
timos a la trascendencia, reconocemos el misterio,
apreciamos el silencio. Pero la imagen persiste y el
concepto se agarra y la idea no cede. Hay en nosotros,

bien en el fondo del alma y de la conciencia, una mezcla de rutina, miedo, superstición, resistencia al cambio y comodidad en lo aprendido, que repite valores iniciales y proyecta imágenes de infancia a lo largo de toda la vida. El álbum de familia al que volvemos con cariño, porque garantiza que nuestro presente es continuación de nuestro pasado. El peligro es que la continuidad se haga estancamiento.

Tenemos en castellano una expresión religiosa que encierra un valor indudable en su profunda sencillez, a la vez que un peligro que con frecuencia se nos escapa, precisamente por el candor inocente de la profesión espontánea de fe que entraña. La expresión es: «la fe del carbonero». Toma la imagen de la profesión más humilde que conoce, del trabajador que se mancha de negro al cargar sobre sus hombros los sacos de carbón y descargarlos en las carboneras de los pisos para que se calienten los hogares que aún funcionan con carbón; supone que el trabajador no tiene estudios, pero tiene fe; que en medio de la negrura y la molestia del polvo del carbón está satisfecho con su vida y agradecido a Dios, sin quejarse ni preguntarle por qué carga él con el carbón y otros lo queman con toda comodidad; y lo pone como modelo a una sociedad sofisticada que ahoga el concepto de Dios en dudas filosóficas y quejas existenciales más negras en sus almas que el carbón en las manos del carbonero. Y surge la frase en el católico honrado que afirma su fe sin ambages por encima de cualquier otra consideración de clase o de saber: Para mí... ¡la fe del carbonero!

En uno de mis viajes a España, estaba yo hablando una vez con una señora muy culta, y la conversación,

por ser yo sacerdote y desconocer por mi ausencia temas de actualidad en España, pasó pronto por necesidad al terreno religioso. Apenas mencioné yo el nombre de algún movimiento o tendencia en la Iglesia moderna, cuando la culta dama me paró en seco y me
dijo: «No quiero oír nada de esas cosas. Para mí... la
fe del carbonero». Quizá fuera porque oía yo esa frase por primera vez después de muchos años, o por el
contraste tan marcado entre el carbonero y la dama
refinada, o por mi interés personal de «hobby» sagrado en todo lo que se avance en exégesis, cristología
o sencillamente serio pensamiento religioso; el caso
es que reaccioné inmediatamente y le dije más o menos: «Señora, usted es una persona de cultura muy
por encima de lo ordinario; usted entiende de arte y
música, sabe distinguir a primera vista entre un Re-
noir y un Monet, habla cinco idiomas, me diría en seguida quién ha conseguido el último Goncourt o el
último Nadal, me dice que le gusta más como director Ricardo Mutti que Claudio Abbado, y puede mantener una conversación inteligente y amena sobre casi cualquier tema del mundo... excepto el de religión.
Ahí hay algo que falla. Usted ha ido aumentando sus
conocimientos y refinando sus gustos a lo largo de
la vida en todas direcciones... menos en una, que es
su entender a Dios y a Cristo y a su evangelio. En eso
se agarra usted al catecismo que aprendió de niña y
a las clases de religión que le dieron en el colegio hace no quiero saber cuántos años, y no sale de ahí. Ahí
se atasca. Y se refugia con rapidez, casi con orgullo,
en el dicho, para mí tristemente castellano, de 'la fe
del carbonero'. Señora, la fe del carbonero está muy
bien para el carbonero, pero no para usted. La fe del

carbonero es para el carbonero, como la fe del ingeniero es para el ingeniero, la del filósofo para el filósofo, y la de una persona culta para una persona culta. Me atrevo a decir que una de las causas de la desorientación religiosa que se observa hoy en España en familias tradicionales en materia de creencia y práctica religiosa es precisamente ésta: la generación adulta de hoy no ha desarrollado un entendimiento inteligente del catolicismo paralelamente al conocimiento de su especialidad y al ejercicio de su profesión. Hemos dado a luz a una generación de excelentes técnicos, grandes médicos e ingenieros, economistas y empresarios que eran autoridades en su terreno... y carboneros en religión. Así nos ha ido». La culta dama, objeto de mi ataque, salió airosamente del trance diciéndome con donaire: «Es que a mí los curas jóvenes como usted me dan miedo». Me halagó que me llamara «cura joven», cuando tengo más de sesenta años (aunque, desde luego, ella tenía más, lo que justificaba el apelativo relativo), y nos despedimos amistosamente. Quizá a ella se le olvidaría el incidente; pero a mí se me quedó grabada mi propia respuesta, que me había salido espontánea en el calor de la discusión: la fe del carbonero está muy bien... ¡para el carbonero!

La respuesta, además, no era mía. Está en el evangelio. Se habla allí de un rey que marchó a un país lejano y dejó a un súbdito suyo diez «talentos», a otro cinco y a otro uno, con el encargo: «Negociad con esto mientras yo estoy fuera». ¿Qué son esos «talentos»? En castellano, la palabra, quizá precisamente por ese abolengo bíblico, quiere decir desde talento para las matemáticas hasta talento para pintar cuadros. Todo

hay que desarrollarlo, porque todo viene de Dios. Pero no cabe duda de que, junto a esos talentos de la vida humana, se nos han dado también y hay que desarrollar «talentos» de cuño divino, capital más valioso que fuerza física o valor artístico, dones de virtud
y de gracia, de amar el prójimo y servir a Dios, de oración y de fe, de entendimiento de doctrinas morales
y verdades espirituales y, en ellas, del dador de todos
esos dones, que es Dios mismo. Ese es «talento», moneda de oro fino con el nombre de Dios grabado a tro-
quel en ella; talento que es signo y garantía de todos
los demás talentos de la mente, el cuerpo y el espíritu; y talento que hay que desarrollar y multiplicar y
hacer valer mientras el Rey «está de viaje». Hay que
ampliar el conocimiento de Dios que se nos dio al empezar la vida; hay que enriquecer el concepto; hay
que sacar todo el partido posible al talento que es
prenda y base de todos los demás talentos.

Uno de los súbditos del rey cogió el talento, lo en-
volvió en un paño, lo enterró en su huerto y, cuando
el rey volvió, lo desenterró, lo desató, lo limpió, lo
bruñió y se lo presentó triunfante al rey: « ¡Aquí está
tu talento! Exacto como tú me lo diste». Y el rey se
enfadó.

Y pienso yo que si alguien guarda el talento de
los talentos, el concepto de Dios, tal y como se lo dieron al empezar la vida, si es fiel y seguro y desconfia-
do, y envuelve y entierra y esconde, y al encontrarse
con el Rey saca el talento, bruñido pero solitario, y
le dice: «Señor, he aquí el talento que me diste; el
concepto de Vos, Dios y Señor, que ha sido el mayor
tesoro de mi vida. Helo aquí tal y como lo recibí, sin
mancha ni mella; el concepto que de Vos tenía mi

padrino de bautismo cuando recitó el credo en mi lugar; el que aprendí yo en el catecismo y profesé en la primera comunión, el que he defendido contra tentaciones y dudas y novedades, y presento ahora puro ỳ reluciente ante Vos con el agradecimiento de mi vida y la exactitud de mi vigilancia. Aquí está, Señor...», pienso —digo— que si alguien calcula así y obra así, y cree que con ello se va a ganar un premio y una felicitación al final de la jornada, se va a llevar un buen chasco cuando se yerga y mire el rostro del Rey y oiga su veredicto. El Rey se enfadará.

«Negociad con esto mientras estoy fuera». Hay que negociar con el tesoro mayor que tenemos: el concepto de Dios. Hay que avanzar en su conocimiento.

Venid y ved

Cuando digo «concepto», digo «experiencia». No se trata de conceptos abstractos, sino de experiencia vivida. O más bien de todo junto, ya que la idea influye en la conducta, y la conducta moldea la idea. En lenguaje bíblico, «conocer» a una persona significa tratarla, hasta el punto de que «conocer» un hombre a una mujer es tener relación sexual con ella. El concepto de una persona nace y se forja en el trato social y familiar con ella. El concepto de Dios es inseparable de la experiencia de Dios.

Durante muchos años, a pesar de la intimidad y la confianza en el trato con Jesús como amigo, la «experiencia» de Dios fue para mí palabra prohibida. Sabía a presunción, a misticismo, a «singularidad», y uno de los mayores delitos que se podían cometer en mi claustro y en mi tiempo era el de ser «singular». Había que ir por el camino seguro, y nada de atrevimientos ni novedades. «Si alguna religiosa les viene algún día con que tiene comunicaciones de Dios, o que ve, oye o siente algo fuera de lo ordinario, díganle a su superiora que le dé una buena loncha de jamón en el desayuno, y ya verán qué pronto se acaba su misticismo», nos decía nuestro buen padre maestro, y nos reíamos todos los novicios con fácil obediencia. Esa era la receta contra todo lo «extraordinario».

En la India no hay jamón serrano. Y en la India me sorprendió, con violencia descaradamente pentecostal, el «movimiento carismático», que fue una de las sacudidas espirituales más fuertes de mi vida. Yo debía de andar cerca ya de los cincuenta años (no recuerdo fechas exactas y no quiero tomarme la molestia de verificarlas, ni creo que a nadie le importe; sólo aproximo la cifra como dato válido para evaluar mi situación de ánimo), y tenía toda la solidez y aun orgullo (¿santo orgullo?) que me daban mi larga formación teológica, mi experiencia de sacerdote, mis años de oración y mi dirección de muchas almas. Pero vino el vendaval y me pilló de improviso. Un compañero me dio a leer el libro de David Wilkerson, *The Cross and the Switchblade*, que fue el instrumento (algo exótico, pero innegable y universal) de la renovación carismática que sacudió a casi todas las confesiones cristianas con viento de domingo de Espíritu Santo. Lo leí tres veces con emoción total. Ahí estaba Dios actuando palpablemente por su Espíritu, en mi tiempo y a mi misma puerta. Sin embargo, me resistí al principio. ¿Cómo podía yo, con la mejor formación religiosa del mundo en el corazón de la Iglesia Católica, sacerdote y religioso ya por tantos años, español ortodoxo y misionero de infieles, aprender ahora algo, y algo radicalmente nuevo y revolucionario, de unos jovenzuelos americanos y, para colmo, protestantes, que de repente desbarataban las precauciones de mi teología con la realidad de sus experiencias? ¡Al diablo con ellos! Pero lo que yo leía coincidía tanto con lo que yo deseaba; la actuación tangible del

Espíritu de Dios en fervor y entusiasmo, en conversiones y curaciones, en don de profecía y de discernimiento, era algo tan íntimamente necesario para mí, gota de cristiandad en océano de indiferencia, que al fin me abrí y me entregué, y la alegría se apoderó de mi vida, como nunca lo había hecho, en dominio soberano de mi humilde existencia. Dios, de repente, había saltado a la vida a mi lado.

Los detalles distraerían aquí. Los conté en dos artículos que publicó la revista oficial del movimiento, *New Covenant* (Ann Arbor, Michigan, USA), y luego, a petición de los editores de la misma revista, en un libro de testimonios personales carismáticos de todo el mundo que ellos escogieron y editaron. El libro se llama *Come and See* («Venid y ved»), y uno de sus capítulos es mi historia con nombre y apellido. Me pagaron un dólar por él, y creo que ésa fue mi única decepción en todos mis años carismáticos. Creía que en las oficinas del Espíritu pagaban mejor, y que los americanos eran generosos. No fue así en aquella ocasión. El cheque ínfimo llegó sin rubor y sin que nadie se molestase en robarlo, como pasa con frecuencia en cheques por correo de América a la India. Lo que sí quedaba firme e indudable era una vivencia que no tenía precio para mí y que iba a marcar mi vida con el sello de la experiencia directa de Dios, con toda la realidad con que es humildemente posible en esta vida mortal.

En la India, al hablar de Dios, hay una palabra inevitable: *darshan*. Quiere decir «visión», y se aplica por excelencia a la visión de Dios... en este mundo. Visión, contacto, experiencia. Esa es la meta de toda la actividad religiosa y el sello de autoridad para ha-

blar de Dios. Quien haya «visto» a Dios tiene derecho
a hablar de él, y el que no, que se calle. La gente en-
tra en materia y, con la misma naturalidad con que
te preguntarían: «¿Ha leído usted a Tagore?», te preguntan: «¿Ha visto usted a Dios?» Yo me irritaba en
mis primeros años ante esta pregunta, y contraataca-
ba con argumentos occidentales de que lo que importa es la fe, la oscuridad, la prueba de confianza que
le damos a Dios al creer sin más en su palabra, la re-
comendación que nos dio Jesús mismo en respuesta
a santo Tomás: «Bienaventurados los que no vieron...
y creyeron». Mis interlocutores me oían con educación, se callaban y cambiaban de conversación. No
había *darshan*. Mi irritación sólo servía para probar
que algo me dolía a mí ahí.

«¿Ha visto usted a Dios?» fue la pregunta que Narendra Dutt le hizo a Shri Ramakrishha, quien le con-
testó con sencillez: «Sí, y puedo hacer que tú también lo veas». Con lo cual Narendra Dutt se transformó en Swami Vivekananda y fundó la orden religiosa
más importante de la India, la *Ramakrishna Mission*,
inspirándose para sus reglas (ironías de la historia)
en las constituciones de la Compañía de Jesús. Ver a
Dios era una de las tres «locuras» de Shri Aurobindo,
filósofo de la independencia india, poeta metafísico e
inspirador místico, en vida y en muerte, de búsque-
das espirituales en la India y en el mundo entero. Primera locura: Dios existe. Segunda: si existe, tiene
que haber alguna manera de llegar a él incluso en esta
vida. Tercera: yo lo voy a intentar con toda mi alma. Y ahí está el monumento material de su *ashram*
en Pondichery y el monumento literario de su epope-
ya mística *Savitri*. Dios, en la India, es experiencia, y

(son palabras del monje católico Bede Griffiths, que
también tiene su *ashram* en el sur de la India) «no
podemos nosotros los cristianos esperar que la India
acepte el mensaje del evangelio como revelación de
Dios, mientras le ofrezca al hindú devoto menos de lo
que le ofrece su propia religión. La 'revelación' que
Dios ha dado a la India es una revelación de sí mismo como el fondo del ser, la fuente de todo conocimiento y el fin de la bienaventuranza absoluta. Una
tal experiencia de Dios es lo que ha de formar la base de la espiritualidad cristiana india que todos de-
seamos construir. Hace ya demasiado que nos hemos
dado nosotros por satisfechos con un tipo de oración
que apenas llega a la meditación y a la oración afectiva, y casi hemos perdido de vista el antiguo ideal
cristiano de la contemplación, de la experiencia directa de Dios en la oración. Como también, paralelamente, nos hemos contentado con una teología basada en
la razón iluminada por la fe, pero que no lleva a la
experiencia de Dios en el Espíritu. El desafío y la llamada que al parecer está recibiendo la Iglesia en la
India en nuestros días es el de recobrar toda la profundidad de su propia tradición espiritual a través
del contacto con esta tradición hindú de la experiencia de Dios. La experiencia de Dios en el Espíritu parece ser la gran necesidad de la espiritualidad cristiana hoy. Lo que el mundo busca hoy no son palabras
acerca de Dios, sino la experiencia de Dios. Por eso
vienen hoy tantos a la India, cristianos y no-cristia-
nos, a estudiar el yoga y aprender la contemplación. La
Iglesia necesita encontrar una respuesta a ese deseo
legítimo de la experiencia de Dios, de la presencia del
Espíritu; y la Iglesia de la India, en respuesta a esta

profunda intuición del alma hindú, es la que debería
encontrar la respuesta». Cita importante y autoriza-
da que refleja fielmente lo que todo cristiano serio
piensa hoy en la India.

Y al citar a un monje inglés y a la tradición india,
me bulle por dentro la sangre española, y quiero citar
también a mi tradición ancestral, gloriosa en su siglo,
nublada en tiempos recientes y de nuevo deseada con
toda el alma por una generación nueva que quiere
verdades y vive de experiencia. Subrayado por la mano propia de santa Teresa (¡bendita Teresa cuyas obras,
violando a conciencia la orden de pobreza de traer
libro alguno en nuestro viaje, me traje yo a la India
escondidas en pleno contrabando místico!) en el ejemplar que ella misma usó y hoy se conserva en el convento de san José de Avila, del «Tercer abecedario»
de Francisco de Osuna, aparece este párrafo de lectura tan deleitosa como instructiva: «La amistad e comunicación de Dios es posible en esta vida y destie-
rro; no así pequeña, sino más estrecha y segura que
jamás fue entre hermanos, ni entre madre e hijo. Esta amistad o comunicación de Dios al hombre, no por
llamarse espiritual deja de tener mucho tomo e cer-
tidumbre...; hablo de la comunión que buscan e ha-
llan las personas que trabajan de llegar a la oración
y devoción, la cual es tan cierta que no hay cosa más
cierta en el mundo, ni más gozosa, ni de mayor valor
ni precio».

Por aquellos días hice uno de mis primeros viajes a España, y fui a ver en Madrid una obra de teatro de Martín Descalzo. La obra se titulaba «A dos
barajas», y el protagonista era un sacerdote que vive paso a paso las crisis de su vocación (primer ac-

to), la deja y se casa... para vivir paso a paso las di-
ficultades del matrimonio (segundo acto). Fui con mi
madre, advirtiéndole que no se apurase por mí, pues
no iba yo a consultar dudas personales, sino a ver
una buena obra de teatro y aprender de ella ambientes que me interesaban. ¡Ya lo creo que aprendí! La
descripción de la duda creciente en el sacerdote sobre su vocación era magistral, como sólo un buen
sacerdote y un buen escritor podía haber plasmado.
Me tuvo absorto frase a frase, sobre todo en los diálogos del sacerdote con su obispo. Y se me quedó una
frase en la memoria, que después he usado mil veces
en mis charlas a sacerdotes y a religiosos, y siempre
he visto que se hace un silencio especial, súbito y den-
so, en la sala de conferencias y en el corazón de todos
los que escuchan cuando la digo. La frase de Martín
Descalzo era: «La crisis en la vida del sacerdote comienza el día en que se hace a sí misma la pregunta:
¿Valía la pena sacrificar tanto... y conseguir tan poco?» ¡Diagnóstico certero, dramaturgo hermano, diagnóstico certero! Mucho o poco hemos dejado, pero
era nuestro «todo», como lo eran las redes remenda-
das de Pedro el pescador, que también usó el «todo»
al mencionar su sacrificio ante el Señor. ¿Y qué hemos recibido a cambio? La vida eterna. Así lo espera-
mos. Pero ¿algún adelanto por aquí abajo? Si no hay
más que trabajo oficial, oración rutinaria, «vida de
fe» (en el sentido respetuoso pero seco de la frase),
soledad afectiva y liturgias repetidas... el «conseguir
tan poco» se hace inevitable, intolerable, y pesa como
una losa de cementerio sobre la vida del sacerdote.
La frase me hirió a mí precisamente; es decir, estaba yo
en posición de dejarme herir por ella sin ponerme a

construir defensas falsas de pretensión personal o conformidad piadosa, porque ya en aquel momento podía yo contestar gloriosa y triunfalmente: «Sí, he dejado mucho, lo he dejado todo por Cristo..., pero ¡he recibido muchísimo más! He recibido la alegría incomparable, el gozo tangible, la presencia directa, la evidencia innegable de la resurrección y la plenitud del Espíritu; se me ha llenado el alma de alas de ángeles, y aun los sentidos de pedazos de cielo. ¡Qué bien se está aquí, Señor, qué bien se está aquí en esta sucursal del Tabor, con tienda o sin ella! Venid y ved, tocad y palpad. El Evangelio es verdad, la Biblia es realidad, la resurrección es un hecho, y cada eucaristía es una fiesta. La vida se me ha hecho aleluya y la eternidad ha explotado en mis manos. ¡Bendita fe que ya casi queda trascendida en el realismo anticipado de este ensayo de cielo!»

Por ahí iba el festejo, y era gloria pura. Y así tenía que ser. Tenía toda la Biblia a favor mío. El Dios de Jesús no era Dios de muertos, sino de vivos; el Evangelio es «noticia» (Buena Nueva)... o no es nada; el cristiano es testigo, no magnetófono; el «bautismo del Espíritu», con su aureola de gozo y milagros y glosolalia y expansión apostólica, se había repetido en Jerusalén, Samaría, Damasco, Cesarea y Efeso (todo esto son citas de los Hechos), y esta última ocasión distaba ya veinticinco años de la primera. ¿Por qué iba a detenerse ahí? Así es como la Iglesia se había extendido por el mundo, y así es como había de extenderse, si no iba a estancarse ahora en sus edificios y monumentos y documentos. El «poder de la resurrección» y el «poder del Espíritu» son las dos constantes básicas del avance evangélico, y son tan verdad hoy como

entonces. Dejemos a ese poder que se abra paso en
nuestras vidas, y cambiará la faz de la tierra, tarea creacional y vivificante del Espíritu Santo, siempre y ahora
en el nuevo Pentecostés que nos ha acontecido.

El resurgir carismático dio lugar a una cultura súbita de reuniones de oración, cantos, libros, revistas,
giros de lenguaje y estilo de vida que propiciaban el
cambio y alimentaban el fervor. Una canción favorita
mía en aquellos días se llamaba «Yo soy, tú eres, él
es: la gramática del tiempo presente», y la traduzco
del inglés como puedo (que no es precisamente mi
especialidad):

> Tus doctos sermones no son evidencia;
> Lo que yo deseo es Voz y Presencia.
> Hace veinte siglos, ¿qué sé qué pasó?
> Lo que pasa ahora quiero saber yo.
>
> Yo soy el que soy, y él es el que es;
> Todo lo demás no tiene interés.
> Tú eras, él era, tú serás, él fue,
> Nosotros seríamos... ¿quién sabe?, ¡tal vez!
>
> No me hables de cosas que nublan la mente;
> Quiero la gramática del tiempo presente.
> Cierra, por favor, la Biblia de otrora,
> Y dime tú mismo: ¡Jesús vive ahora!

Años embriagadoramente felices (que esa es la me-
táfora de Biblia y liturgia para describir la acción del
Espíritu), de lleno en la renovación de inesperada pri-
mavera que alegró las iglesias. La descripción es breve y queda muy por debajo de la realidad, cosa de la

que soy totalmente consciente, como también lo soy
de otro hecho que algún avisado lector o lectora quizá haya notado (y si es así le felicito por ello), y es
que al hablar de toda esta experiencia mía en el movimiento pentecostal lo he hecho como de cosa pasada, terminada, que tuvo un principio y tuvo un fin,
que fue un capítulo de mi vida, influyente y festivo,
sí, pero acabado ya y dejado páginas atrás en la historia que continúa. Y es verdad. Y para mí es importante relatar cómo terminó y analizar la situación final como he analizado la inicial, porque ahí va, con
la claridad anecdótica de venir en un caso concreto,
lo que es de hecho tesis y trama de todo este libro:
el juego divino de coger y dejar, de entrar y salir, de
venir y marcharse. Me explico.

Fueron unos siete años de riada espiritual; y no
pongo siete porque sea número bíblico, sino porque,
aproximando memorias, ésa es la cifra que me sale en
la cuenta. Y de algún modo comencé a notar que la
riada bajaba. Me alarmé. ¿Tibieza mía? Intensificar
la oración. Pero los músculos no resultan cuando cede el espíritu. Mis aleluyas eran cada vez más débiles,
mi participación en las reuniones de oración cada vez
más pasiva, y el último número de la revista *New
Covenant*, que antes había esperado cada mes como
maná del cielo, ahora se me caía de las manos. Mis
compañeros de fervor rezaban por que continuase el
mío, pero yo estaba cada vez más perplejo. ¿Qué
hacer?

Aquí llega lo que para mí es uno de los momentos
más interesantes de mi vida consciente, y disfruto
íntimamente al analizarlo y contarlo, lo que para mí
es señal de su autenticidad. Mi primera reacción al

sentir que bajaban los fervores fue resistir y combatir
la bajada. Así como primero me había resistido a entrar en el movimiento pentecostal (o, más exactamente, a que él entrara en mí), ahora me resistí a dejarlo
(o a que él me dejara). Pronto noté el paralelo, y ello
me iluminó. Si hice bien al dejarlo venir, ¿por qué no
había de hacer bien al dejarlo marchar? ¿Por qué
resistirme? ¿Por qué agarrarme, por qué aferrarme,
por qué inmovilizarme? El Espíritu es viento. Que so-
ple, que venga... y que pase. Dejarle que pase es precisamente la mejor manera de facilitarle que vuelva
otra vez... cuando él quiera y de la manera que quiera.
Mientras que la manera segura de perderlo es intentar «poseerlo». Sí, me da mucha pena dejar estos gozos que me han acompañado ya varios años y yo creía
que durarían para siempre. Pero eso es también avaricia, desconfianza, posesión. No se puede poseer una
ola en el mar. Si me aferro a una ola, todo lo que pasará es que me arrojará a la playa y allí me dejará in-
defenso e inerte; mientras que, si la dejo pasar, vendrá otra y otra, y me seguirán meciendo con ritmos
nuevos en el juego eterno del océano que habla de
Dios.

Yo tenía el puño cerrado agarrándome desespera-
damente a la valiosa experiencia de aquellos años para que no se me escapara. Y poco a poco solté los dedos, abrí la mano... y la dejé marchar. Adiós aleluyas.
Y en el análisis, en fe y en humildad, de aquella situación compleja e inevitable al principio, sentí cada
vez más la confirmación interna de mi actitud, la alegría del desprendimiento, la renovación del avance,
el interés de un nuevo capítulo, la satisfacción reconocida de haber dejado libre a Dios. Hoy me congra-

tulo de haberle permitido al movimiento carismático
apoderarse de mí cuando lo hizo, y me congratulo de
haberle permitido marcharse cuando se marchó. Me
enriqueció su llegada y me enriqueció su despedida.
En eso veo yo la esencia del movimiento carismático,
como de cualquier otro movimiento: en ser «movimiento»; y por eso, al querer inmovilizarlo perdemos
su fuerza. Es doloroso atascarse en el entusiasmo. No
quiero hablar de otros, aunque he visto ejemplos de
sobra; hablo de mí mismo, y sé que, si de lo que ha
sido un capítulo feliz, hubiese yo querido hacer biografía completa, habría estropeado la biografía.

Y por eso digo que a eso va este libro, muy a su
manera, muy a través de vericuetos y memorias y estudiar religiones y cotejar experiencias: a decir que
hay que vivir a ventana abierta, que hay que dejarle
a Dios que entre y que salga, que venga y... que se marche si así lo desea; que hay que dar lugar a nuevas
formas de ver y pensar, de orar y de entender a Dios,
sin forzar nada, sin hacerse violencia ni para rechazar lo nuevo ni para retener lo antiguo; que hay que
dejar a Dios ser Dios a su tiempo y a su manera, para
conocer más rasgos de su eterno encarnar.

¿Quién dijo que si él no se marchaba, alguien (muy
importante y muy semejante a él) no vendría?

El Dios del petróleo

Según Hilaire Belloc, en su libro «Las grandes herejías», el Islam es sólo una secta (herética) del cristianismo. El Corán conoce y respeta la Biblia y nos da a los cristianos uno de los nombres más bellos que nadie nos ha dado: «El pueblo del Libro». Y ojalá hagamos realidad en nuestras vidas esa bendición islámica. El Corán venera a Jesús como profeta y habla con cariño de María, lo cual, a mí al menos, me da un sentido de familia, de hermandad, de cercanía con la comunidad islámica. Todavía pesan las cruzadas y la imagen de Santiago «matamoros», pero el vínculo teológico es para mí más fuerte que la rivalidad histórica. En la India, curiosamente, dado que tanto los cristianos como los mahometanos somos minoría, nos unimos en mutuo instinto de conservación y nos ayudamos con facilidad unos a otros. Nuestra universidad católica es la que más estudiantes y profesores mahometanos tiene de todas las universidades del estado del Gujarat, y en días de violencia entre hindúes y musulmanes (a los que ya he hecho triste alusión) estudiantes mahometanos se han refugiado en nuestra residencia.

El Islam es quien ha mantenido más rígidamente el mandamiento (base de este libro) «no harás imá-

genes del Señor Dios tuyo»; pero, al mantener su observancia externa, ha olvidado su espíritu interno y,
en consecuencia de este olvido, la imagen mental conceptual, cúltica, hierática del Dios del Islam es la más
monolítica e invariable de todas las teologías del mundo. Me decía un día un profesor mahometano: «Ustedes por lo menos tienen papas y concilios que pueden renovar oficialmente la interpretación de la Biblia e indicar nuevos rumbos; nosotros estamos an-
clados para siempre en el Corán». Da gusto oír una
apreciación neutral y espontánea del magisterio católico. Lo que en nuestras clases de teología llamába-
mos «el progreso dogmático» no es estéril tesis escolástica, sino realidad vital. El magisterio no sólo sirve para proteger, sino para avanzar; no es sólo para
vigilar, sino para animar. Y es bueno saber que hay
quien nos envidia por tenerlo.

En apreciación recíproca, yo venero en el Islam
la sumisión íntegra e incondicional a la voluntad de
Dios actualizada en todo instante y en todo aconte-
cer, grande o pequeño, de la vida privada o de la historia humana, de la materia o del espíritu. La creación de Dios es una acción atómica, instantánea, re-
novada a cada momento; de modo que la acción que
se sigue (digamos, la trayectoria de una piedra que
he tirado) no es «efecto» de mi lanzamiento como
«causa» de ella, sino que Dios crea en cada instante
la situación nueva con la piedra un poquitín más allá,
dando la impresión de que «yo» la he lanzado, mientras que en realidad toda la acción era sólo de Dios.
No hay «causas segundas», no hay contingencias hu-
manas, sólo hay Dios y su voluntad y su acción. Este
concepto base del Islam, indicado aquí con brevedad

esencialmente injusta, no es pura especulación filosófica, sino que tiene consecuencias bien prácticas y definitivas. Eso lo aprendí yo un día en diálogo amistoso, aunque ligeramente a la defensiva por ambas partes, con un mahometano ortodoxo.

Su argumento, en resumen, era claro y definitivo: «Dios ha dado el petróleo a los países árabes; luego el Islam es la religión verdadera». Eso, dicho así, parece ingenuo y un poco precipitado. El pasar de los petrodólares al petrodogma resulta un poco crudo (y valga el juego de palabras). Ese tipo de silogismo no aparecía en la lista de silogismos aristotélicos que recitábamos en latín en clase de lógica. Y, sin embargo, para aquel mahometano culto el argumento era irrefutable; y el mismo orgullo petrolífero se deja ver con mayor o menor disimulo, en todo el resurgir islámico de nuestros días en religión y cultura. Las fotos del jeque de turno negociando precios de petróleo y pasando entre sus dedos las cuentas del rosario islámico de los nombres de Dios han sido para la imagen moderna del Islam algo parecido (salvando diferencias) a lo que los reportajes de la televisión de los viajes de Juan Pablo II han sido para el catolicismo de nuestros días. Renovación, actualidad, prestigio, respeto, influencia, comunicación. Una imagen vale más que mil palabras, y la imagen de los albornoces blancos y los rosarios islámicos en las conferencias internacionales le ha ganado al Islam un puesto de honor en el anfiteatro ecuménico de las religiones de hoy. El cristianismo no ha sido el único en beneficiarse del poder de los medios de comunicación.

He dicho que el argumento del petróleo era consecuencia del concepto islámico de Dios, y paso a ex-

plicarlo. Dios crea en cada instante la situación total
del universo en que vivimos. La naturaleza, pues, si
sabemos leerla con ojos de fe, es la revelación de la
voluntad de Dios escrita día a día para nuestra enseñanza. Esa lectura nos dice que Dios ha hecho coin-
cidir en geografía y en historia la religión de su Profeta con los yacimientos mayoritarios de petróleo
cuando el mundo más lo necesitaba. La riqueza esencial del subsuelo demuestra la elección providencial
del pueblo que vive sobre ese suelo. Si la humanidad
necesita hoy petróleo, la humanidad necesita hoy al
Islam. El pueblo elegido por Dios es el pueblo favo-
recido con el regalo de una tierra que responde a la
necesidad del mundo de hoy; y así como en otro tiempo la tierra de otro pueblo escogido manaba leche y
miel en una sociedad agrícola, ahora mana petróleo
en una sociedad industrial. Ha cambiado el signo porque han cambiado los tiempos.

Como en la India se practican todas las religiones
principales, son frecuentes las reuniones ecuménicas
para fomentar la convivencia, con ocasión o sin ella;
e incluso hay una palabra, larga y compleja como su
contenido, que Gandhi puso en circulación, algo así
como «sentimiento-igual-religiones-todas», que se usa
constantemente en tales ambientes y funciones. En
ellas un hindú habla sobre el hinduismo, un mahometano sobre el Islam, un jainista sobre el jainismo, un
sikh sobre el sikhismo, un parsi sobre el zoroastrismo, un cristiano sobre el cristianismo, mientras el
público paciente escucha el maratón ecuménico y
aplaude y asiente con la cabeza, entona desafinado alguna salmodia neutra y sale con la satisfacción de haber cumplido con el deber de ciudadanos responsa-

bles y buenos vecinos de aguantar a todos sin entender a nadie. Yo solía aceptar con entusiasmo invita-
ciones a hablar en semejantes reuniones representan-
do al cristianismo, pues pensaba que me daban una
ocasión óptima para hablar de Jesús ante un público
amigo, como yo deseaba. Fui infinidad de veces a esas
sesiones del «sentimiento-igual-religiones-todas», preparé mis intervenciones, hablé, recé, escuché, asentí,
sonreí..., hasta que caí irremediablemente en la cuenta de lo que era evidente desde un principio, y es que
tales reuniones no eran más que una cariñosa y elaborada pérdida de tiempo.

Curiosamente, fue la lectura de otro gran discípulo y ayudante de Gandhi lo que me hizo abrir los ojos.
Kishorlal Ghanshyamlal Mashruwala fue la mano derecha de Gandhi en el terreno de los principios filosóficos y valores éticos de su movimiento, como Kélel-
kar lo fue en la educación, Nehru en la política y Vi-
noba Bhave en la acción social. Ese gran pensador,
ya fallecido, de nombre tan largo y difícil, se opuso
radicalmente a tal tipo de reuniones, enfrentándose a
Gandhi mismo, que las fomentaba por motivos de unidad nacional y paz política. Las llamaba certeramente
«paella de religiones», y en el humor gastronómico estaba su condenación ideológica. Unos mariscos, unas
cigalas, unas patas de pollo, tomates, pimientos, ju-
días, guisantes, todo bien revuelto con arroz abun-
dante y servido caliente en paellera grande como plato único a gusto de todos. Una buena paella es un
plato magnífico, pero un plato que acaba con todos
los demás platos. Fue precisamente un gran emperador islámico de la India, Akbar, quien invitó a su corte en Agra a representantes del Islam, hinduismo y

cristianismo a que tratasen de resolver sus diferencias y crear una religión común, la *Din-ilahi*, que fa-
cilitara la unión del país y el gobierno de su pueblo.
Aún se conserva la sala que hizo construir para aquellas reuniones, y tuve el interés de visitarla durante
un viaje que hice al norte de la India. Es alta y cuadrada, con cuatro balcones largos a media altura en
las cuatro paredes. En uno se sentaban el emperador
y sus ministros, en otro los doctores islámicos, en
otro los cristianos venidos desde Occidente... con el
sobrino jesuita de Francisco Javier entre ellos. Cedí
al impulso, que era más capricho turístico que devoción piadosa, de sentarme en el sitio aproximado que
ocupó mi hermano en religión, sabiendo muy bien
que su misión fue un completo fracaso. La paella im-
perial no resultó.

El peligro de estas reuniones es el irenismo, el eclec-
ticismo, el sincretismo, el minimismo, la reducción a
común denominador, las blandas sonrisas, las palma-
ditas mutuas en las espaldas mutuas, el ¡qué buenos
sois vosotros, qué buenos somos nosotros, qué buenos somos todos!, el bailar todos cogidos de las manos al corro de la patata y perder la voz individual en
el coro común. La manera de aprender de otras reli
giones no es el mezclarlas todas, sino, el contrario, el
dejar que cada una sea lo que es, con toda su originalidad y personalidad. No hay que limar aristas, hay
que descubrir formas; no hay que emborronar colores, hay que respetar cuadros.

En el cuadro del Islam yo admiro y quiero aprender el sentimiento de dependencia, de acatamiento,
de adoración suprema ante la presencia y la voluntad
de Dios en todas las cosas. He dicho que se pierde el

tiempo en reuniones baratamente ecuménicas, pero algo se aprende también a veces en ellas. En una tal ocasión, el orador islámico de turno dijo una frase que se me quedó en la memoria y forma parte de mi vida: «Todo lo que sucede es Dios».

Cada vez que pronuncio el nombre de mi ciudad, reconozco la herencia islámica que me afecta: Ahmedabad. Al pronunciar el «Ahmed» con la hache separada y aspirada, «A-h-med», proclamo el nombre del sultán Ahmed Shah, que la fundó en la primera mitad del siglo XV. Vivo en una ciudad fundada por el Islam, y lo digo con orgullo.

Diálogo del azúcar y la sal

«Hay dos clases de parsis», comenzaba a decir uno de ellos en un artículo sobre su propia comunidad, joya y reliquia insigne de la India, «los que trabajan en el Banco de la India y los que no trabajan en el Banco de la India». El humor parsi es célebre y característico, reflejo alegre de su doctrina espiritual y garantía perpetua de pasarlo bien siempre en su compañía, como me ha pasado a mí mil veces. Otro parsi titulaba un libro sobre su religión «La religión de la buena vida», con el doble significado intencionado de «portarse bien» y «pasarlo bien», que a las dos cosas los lleva su religión. Otro, Zubin Mehta, nacido en Bombay, es director titular simultáneo de la Orquesta Filarmónica de Nueva York y de la de Israel; y otro, Yamshedji Tata, fue el fundador de la industria moderna de la India y tiene toda una ciudad, Yamshedpur, dedicada a su nombre. Y todo esto está relacionado con su religión, tan importante como desconocida.

Los parsis son persas, y la misma identidad de consonantes en las dos palabras (parsi-persa) es testimonio lingüístico de su origen geográfico y racial. Su fundador fue Zoroastro o Zaratustra, que en oídos euro-

peos despierta la memoria de «Así habló Zaratustra»,
aunque para unos eso sea un libro de Nietzsche y para otros un poema sinfónico de Strauss, y en todo caso no les diga mucho ni a literatos ni a músicos sobre
la doctrina original del zoroastrismo. Allá por no sé
qué siglo, los árabes invadieron su país e implantaron
el Islam, y unos cuantos persas que quisieron permanecer fieles a su religión se embarcaron en unos na-
víos, se echaron a la mar y arribaron por fin a una
costa que resultó ser la de la India, enfrente de Surat,
en el ahora estado (que es el mío) del Gujarat. Cuentan las historias que, cuando los inesperados hués-
pedes pidieron permiso al rey de Surat para estable-
cerse en sus dominios, éste, con gesto simbólico, les
envió un vaso lleno hasta los bordes de leche, para
significar que ya no cabía más gente en su reino (por
lo visto la India siempre ha estado superpoblada. Con-
solémonos); y el jefe de los parsis, no menos versa-
do en el gesto y la cortesía, añadió a la leche unos gra-
nos de azúcar y devolvió el vaso sin derramar una
gota. El rey entendió. Se mezclarían con la población
como el azúcar con la leche. Dio su permiso. Los parsis desembarcaron. Y el gesto inicial de hace siglos
se ha transformado en historia verídica hasta nuestros días: los parsis han vivido entre hindúes, mahometanos y cristianos como el azúcar en la leche, ama-
bles, educados, nobles, celosos de su identidad y res-
petuosos de la de todos. Son la única comunidad religiosa que nunca ha causado problemas en la India.
Este es un hecho histórico y aleccionador; y ya hay
allí algo que aprender. Las metáforas hablan. Los cristianos somos «la sal de la tierra», y los parsis «el azúcar en la leche». La sal sazona, sana y preserva, pero

también pica y escuece, los cristianos hemos causado
buenos escozores en la historia... en la India y fuera
de ella. El lenguaje lleva siempre una teología implí-
cita, y, mientras apreciamos la propia, haríamos bien
en conocer y explotar la ajena. Es hora de que dialo-
guen el azúcar y la sal.

La teología parsi parte del problema fundamental
de la existencia del bien y del mal en el mundo, y para explicarlo postula dos principios, uno creador y
otro destructor, dualidad peligrosa que ha provocado
iras escolásticas, pero en realidad reflejo realista, por
más que elemental, del juego de luz y sombra que es
la vida humana. Lo importante es que, al ser el Dios
creador quien defiende su creación contra los ataques
del mal, el hombre, si se pone de parte de la creación,
es decir, de parte de la naturaleza, del disfrutar de
las cosas, de la acción, de la actividad, del trabajo, de
la vida, se pone de parte de Dios, y así el progreso
material se hace culto de Dios, y el pasarlo bien es
virtud. Este es para mí el caso más claro y de mayor alcance en toda la historia de las religiones en que el concepto de Dios influye en la vida de los hombres, un prin
cipio teológico crea una actitud y fomenta una conducta, y con ello dirige de una manera definitiva y práctica
la vida concreta de sus seguidores. Una vez que trabajar
por la naturaleza es trabajar por Dios, el estudio, la
ciencia, la industria, la investigación, el arte, la explota-
ción de los recursos naturales, el buen vivir y aun el
buen comer se hacen mandamientos del decálogo parsi, y el pasarlo bien resulta la mejor manera de dar
gloria a Dios. Por eso la moderna industria india la han
creado los parsis (aunque sean pocos más de cien mil
en un país de setecientos millones); por eso su compa-

ñía inspira siempre alegría y humor; y por eso las casas de los parsis son donde mejor he comido yo de invitado. La teología se hace gastronomía, y el dogma llega hasta la cocina. Quien crea que la religión no es cosa práctica, que se haga invitar por una familia parsi.

Para un parsi, ayunar es pecado, la penitencia una aberración, y el celibato un crimen. La ascética es sencillamente inmoral. La creación es para perfeccionarla y disfrutarla, no para negarla. La materia es buena, incluidos el alimento y el sexo, y rechazar los dones de Dios es rechazar a Dios. Hay que adorar disfrutando, y dar culto a Dios sacando partido de su creación. Moderación, desde luego, pero que la moderación no ahogue el goce. Pasarlo bien en esta vida es la mejor preparación para pasarlo bien en la siguiente. Si quieres conseguir la vida eterna, aprovecha lo mejor posible la vida temporal.

Aquí un inciso histórico que me interesa especialmente como cristiano. Acabo de mencionar la vida eterna, eje moral de la visión cristiana. Sabido es que los antiguos hebreos no tenían el concepto de la inmortalidad del alma y la resurrección del cuerpo tal como nosotros lo tenemos. Menos sabido es, aunque no menos cierto, que ese concepto entró en el pueblo hebreo durante el exilio babilónico, es decir, a través del contacto que allí y entonces tuvieron los hijos de Abraham con los seguidores de Zoroastro. Judíos, cristianos y mahometanos somos deudores de los parsis por ese concepto fundamental de nuestro credo; o, dicho de manera más suave y aceptable, Dios en su providencia usó a Zoroastro y la cautividad de Babilonia para instilar en su pueblo escogido la doctrina esencial de la inmortalidad y la resurrección, que había de ser llevada a su cumbre final en la resurrección de Jesús. La denostada «Babilonia» resulta haber contribuido en algo fundamental a la vida de la Jerusalén celestial. En términos ecuménicos (que han sustituido a los apocalípticos como género literario en nuestro tiempo), podríamos decir que ahí hay una base para el diálogo entre la Bestia y el Cordero.

Lo que los cristianos aún no hemos aprendido de los parsis es el sentido positivo de la vida, lo material, el placer. En la historia de la moral cristiana pesa todavía mucho la herencia, lejana pero persistente, del maniqueísmo y el gnosticismo, que consideraban a la materia mala, a la creación enemiga, y al placer pecaminoso. Todavía nos duele ahí. Todavía sentimos remordimiento al pasarlo bien, y aún no hemos aprendido a gozar. Si algo quiere decir la resurrección de la carne es que el cuerpo también ha sido creado para gozar, y hay que entrenarlo suavemente en esta vida para que se le haga fácil hacerlo en la siguiente. La moral del sexo, donde el cuerpo es más cuerpo y donde más nos hemos ensañado con él con despiadada ascética, ha sido secularmente negativa entre nosotros, y sólo recientemente nos hemos despertado y estamos tratando a toda prisa de adaptar nuestra rigidez doctrinal a la sana realidad que buscamos entre tanteos, aciertos y errores. La doctrina cristiana tradicional del matrimonio ha sido esencialmente la elaborada por un genio (san Agustín) cuya única experiencia personal del sexo era la fornicación. Y llevamos siglos resintiéndonos de ello. El sexo en sí no tiene importancia excesiva, pero sí es índice y símbolo de la actitud general hacia la vida y el placer. Hay to-

davía predicadores cristianos (y más aún hindúes) que
reducen la moral práctica a un solo precepto: pásalo
mal en esta vida para que puedas pasarlo bien en la
siguiente. «O padecer o morir», «padecer y no morir»,
«¡más sufrimientos, Señor, más!», son fórmulas de algunos de nuestros mejores santos, y respeto y com-
prendo el amor místico que les dio origen, al mismo
tiempo que rechazo el abuso práctico a que han sido
sometidas y del que yo mismo he sido víctima muchos años. Así como la ortodoxia puede volverse sádica
(torturas a herejes), así la ascética puede volverse maso-
quista (torturas a uno mismo), y eso es desviación pa-
tente. Sigamos siendo sal del mundo, y sigamos dán-
dole sabor y salud, y aun escozores, si es que hace falta. Pero acordémonos de que en la buena mesa tampoco debe faltar el azucarero.

A los parsis se los conoce como «adoradores del
fuego». No es del todo exacto, pues ni se trata de
«adorar» ni sólo del «fuego». No es el fuego solo, sino
los cuatro elementos, tierra, aire, fuego y agua, que in-
tegran esencialmente la naturaleza, los que veneran
los parsis; y no es adorarlos como tales, en cuádru-
ple idolatría física, sino reconocer en la naturaleza lo
que ellos son y representan, la presencia y majestad
del Creador de todas las cosas buenas, e inclinarse ante él en adoración directa y visión inmediata. Cuando
un parsi devoto, desde el paseo de Bombay junto al
mar, que lleva un nombre digno de su geometría y de
su belleza, «el collar de la reina», se inclina ante el sol
que se pone en el horizonte azul del mar de Arabia,
entre las brisas que despiden el día más allá de la
silueta aristocrática (por su elegancia y por sus man-
siones) del cabo que marca en las aguas el Malabar

Hill..., está oficiando una liturgia cósmica de reconocimiento al Creador en el mundo que él ha creado y que, como Dios dijo en el Génesis y el parsi en su vida, es en verdad y sigue siendo bueno.

Este acercamiento a la naturaleza, y a Dios en ella, que es la causa del progreso material de los parsis, les crea también un pequeño problema a la hora de la muerte o, mejor dicho, después de morir: ¿qué hacer con el cadáver? No se puede enterrar, pues encerrar la podredumbre de un cuerpo descompuesto en las entrañas de la tierra ofendería a ésta, y en ella a la naturaleza, y en ella a Dios; por la misma razón sería sacrilegio echarlo al fuego o al agua, o dejarlo que se pudriera al descubierto, lo que mancillaría el aire. La solución a este enigma funerario son las «torres del silencio». Nadie las ve, pues el pudor prohíbe la visita, y cuando un avión sobrevoló una de ellas y quiso tomar fotos, la protesta no sólo de los parsis, sino de todo Bombay, fue unánime, y la execración reprimida; pero todos saben lo que son. Allí, en lo alto de la espiral abierta del interior de la torre circular, se coloca el cuerpo del parsi difunto. Los buitres conocen la cita y saben su tarea. Apenas tardan minutos en limpiar los huesos, que luego calcina el sol de la India y arrastran, ya mineral puro, sus lluvias. A algunos les parece macabra la operación, pero, bien mirada, es una solución, a un tiempo lógica y ecológica, al último problema del hombre: cómo desaparecer haciendo bien y causando las menores molestias. Las únicas empresas que no prosperan entre los parsis son las de pompas fúnebres.

Al hablar del zoroastrismo he hablado más de sus normas de conducta que de su concepto de Dios. Pero ya he dejado sentado al comienzo del libro que concepto y conducta son dos caras de la misma moneda, y la manera que tenemos de portarnos traduce en conducta la imagen que tenemos de Dios. El «dualismo» aparente de los parsis, que atribuye todo lo bueno al principio creador, y así considera buena a la naturaleza y a la vida, es el que se expresa en el optimismo existencial que rige sus vidas. El dualismo no está bien visto en Occidente, y parece que los monoteístas confirmados nada podemos tener que ver con él; sin embargo, cuando oigo a una ancianita, a quien conozco bien, repetir en su teología católica fundamental, «Todo lo bueno viene de Dios, y todo lo malo del demonio», se me antoja que Zoroastro tiene discípulos entre buenos cristianos sin saberlo ellos mismos. ¿«Parsis anónimos» quizá? Aprendamos, por lo menos, a disfrutar de todo lo bueno, ya que viene de Dios.

Adorarás al Señor tu no-Dios

Es, para mí, la situación religiosa más interesante del mundo: una religión sin Dios. El jainismo tiene templos, imágenes y liturgia, tiene la moral más pura que conozco (no sólo en teoría, sino en la práctica), tiene sagradas escrituras y monjes y monjas de observancia ejemplar, tiene sacramentos y oraciones, tiene iglesia y jerarquía eclesiástica...; lo único que no tiene es Dios. Es una religión atea, un credo anónimo, un «trono vacío» (la imagen es de Marguerite Stevenson). Se anticipó dos mil quinientos años a Bonhoeffer en su «religión sin Dios» (y, para él, lógicamente, «cristianismo sin Cristo»). Los jainistas forman la comunidad religiosa más consecuente consigo misma que conozco, y de ellos es de quienes más he aprendido yo en mi propia aventura religiosa. Ellos me llaman a mí «jainista honorario», y yo acepto con gratitud el cumplido. Si la longitud de este capítulo resulta proporcional al interés que me despierta el jainismo, me temo (es decir, espero) que me va a salir un capítulo largo.

Voy directo al grano, y ya vendrá después el folklore. ¿Por qué son ateos los jainistas, siendo profunda e inequívocamente religiosos? Por la razón principal que es tema e inspiración de este libro: el respeto último y trascendental a Dios como Ser Supremo por encima de todo lo que podemos no sólo expresar, sino aun concebir. Saben que no pueden concebir dignamente a Dios y, al saberlo, se callan. Eso es todo. Es el velo del tabernáculo, pero puesto en la mente misma para que ni siquiera piense en Dios. Los jainistas son los seres más lógicos que yo conozco, y los más exagerados en llevar hasta sus últimas consecuencias sus principios filosóficos. Ellos lo saben, y se llaman a sí mismos «la religión de las exageraciones»; y pronto daré ejemplos de ellas. Aborrecen las medias tintas, y quizá por eso me vaya a mí bien con ellos. Al exagerar las actitudes, el jainismo actúa como una lupa, un cristal de aumento que a mí me permite ver, como en laboratorio, el detalle de los motivos y las consecuencias de mis propias actitudes. Ese análisis es enormemente valioso. Y esa exageración los lleva a vivir sin Dios, mientras secretamente lo adoran sin saberlo. Vamos a ver eso en detalle, con la lupa que generosamente nos prestan.

Vuelvo al mandamiento fundamental. «No harás imágenes de Dios». Lo obedecen los mahometanos, que no dibujan ni esculpen la imagen de Dios en manera alguna. Lo obedecen aún más los hebreos, que ni siquiera pronuncian el nombre de Dios. La palabra Yahvéh, en la Biblia, es sólo una sigla, una contraseña, un truco lingüístico para referirse a Dios sin pronunciar su nombre; es un jeroglífico de cuatro consonantes, Y-H-V-H, impronunciables por sí mismas y a rellenar a voluntad en su huecos como Yehovah o Yahvéh o lo que sea, para saber a quién se nombra sin nombrarlo. Y los jainistas van aún un paso más

allá, sobrepasan a los mahometanos y a los hebreos y
llegan a la última lógica, como es su costumbre. Si
nuestros pinceles mancillan la imagen de Dios al pin-
tarlo, y nuestros labios denigran su nombre al pro-
nunciarlo, más aún nuestros pensamientos rebajan su
concepto al concebirlo. Que callen, pues, no sólo nuestros pinceles y nuestros labios, sino nuestro pensamiento; y antes que pensar de Dios algo que no es
digno de él (como necesariamente ha de ser cuando
el instrumento que piensa es el cerebro humano, pobre y limitado), dejemos de pensar en él del todo. Y
así el silencio del jainista es su profesión de fe, su
ateísmo es adoración, su negar es afirmar.

No es que el jainista se diga todo eso a sí mismo.
No es que razone: «para no mancillar el concepto
de Dios, a quien adoro, no voy a pensar en él, pero en
el fondo sé muy bien que existe»; no es que *diga* eso,
es que lo *hace*, es decir, que sencillamente no piensa
en él, no cuenta con él, vive sin él, es perfecta y lim-
piamente ateo desde que nace hasta que muere, sus
escrituras explican el mundo sin Dios, y su moral funciona sin un Ser supremo. El jainista se hace radicalmente ateo para salvar el honor de su Padre. Sacrificio supremo.

Bajo ahora (o subo) a nivel filosófico, y puede sal-
tarse este párrafo tranquilamente quien no quiera meterse en metafísica. Se trata de la analogía del ser,
base aristotélica del pensar occidental y de la teodi-
cea cristiana. Puedo decir que Dios es «Padre» (lo acabo de decir en el párrafo anterior), porque la palabra
«padre», conservando un sentido permanente común,
se aplica de manera muy distinta a un hombre que es
padre de familia y a Dios que es nuestro Padre que

está en los cielos. Eso es la «analogía» de dos conceptos, padre humano y Padre Celestial, a un tiempo semejantes y distintos, expresados en una misma palabra (y que me perdone mi profesor de metafísica, que
aún vive, por esta explicación tan burda). Pues bien,
el jainismo no reconoce la analogía del ser. No hay
conceptos «análogos», sino puramente «unívocos», que
se aplican exactamente lo mismo en cada caso. Y eso
destruye el puente conceptual entre Dios y el hombre.
¿Cómo puedo ahora decir que Dios es Padre cuando
la palabra y el concepto de padre se usan para algo
tan limitado e imperfecto como es un padre de la tierra? ¿Cómo puedo decir que Dios «existe» cuando el
«existir» es sólo este vivir contingente y penoso que
conocemos? ¿Cómo puedo decir que Dios «ama» cuando el verbo «amar» tiene usos tan mezquinos por aquí
abajo? No puedo decir·nada de Dios, no puedo pensar
nada de Dios. La tierra queda aislada del cielo. Sin
una filosofía adecuada no hay teología posible. La analogía del ser, tesis abstracta de mis días de estudiante,
adquiere una importancia insospechada en consecuencias prácticas. A la larga, lo que cuenta son las ideas.

Eso sí, los jainistas acuden fervorosos a sus templos, filigrana de mármol en Dílvara, bosque de columnas en Ránakpur, multiplicidad de santuarios en
toda la montaña, paso a paso sagrada, de Palitana. Su
oración es examen de conciencia, sus sacramentos son
purificación personal, y el objeto de su «culto» son
los veinticuatro profetas del jainismo. Estos sí que
tienen imágenes o, mejor dicho, imagen, pues son todas idénticas, siendo su monotonía escultórica resultado lógico de la «univocidad» filosófica. Una religión,
por atea que sea, necesita culto y liturgia y ritual, y

el jainismo no es excepción. Al contrario, más bien llena el vacío de su dogma con la riqueza de sus devociones. El culto (¿«divino»?) en los templos jainistas es el más metódico, escrupuloso y regular de la India. Y la pulcritud exquisita de sus atrios y sus naves es imagen y reflejo de la pureza de su moralidad.

Me han invitado a la ceremonia de «profesión religiosa» de un joven monje. Conozco a la familia y al chico, que ha terminado la carrera de económicas brillantemente y tenía un buen porvenir por delante con sus estudios y el negocio de su padre, pero lo ha dejado todo y ha decidido abrazar de por vida la austeridad proverbial de los monjes jainistas. La víspera ha tenido la «despedida de soltero», a la que también asistí y en la que dijo él, ante amigos y parientes, unas palabras que me hicieron pensar. Dijo: «Os ruego a todos me deis la siguiente bendición» (un jainista no puede decir «rezad a Dios por mí», y por eso dice «dadme la bendición», bendición laica, por supuesto, en nombre propio, no en el de Dios, que no existe), «y es que, si al fin de esta vida no alcanzo la liberación final y tengo que volver a nacer» (según la teoría de la reencarnación en que todos creen), «nazca en una familia jainista». Me emocionó su fe.

Hoy se han congregado miles para la ceremonia. Llega el candidato en procesión solemne, engalanado con ricos vestidos y cubierto de joyas, y la cabalgata se llama «procesión nupcial», ya que nupcias son los votos religiosos, tanto en su cultura como en la nuestra. (Nupcias... ¿con quién? ¿Notáis cómo se siente al Ausente sin nunca nombrarlo?). Al llegar se despoja de las joyas, y éstas, de doble valor, como joyas y como reliquias, se subastan allí mismo entre

el público a elevados precios. Los jainistas son la comunidad más rica de la India (ya que su misma pro-
bidad ha contribuido a su prosperidad), y financian
generosamente sus templos, con su culto, edificación
y restauración, así como múltiples becas y ayudas de
todo tipo para quien lo necesite entre ellos, que a
eso se destinan esos fondos. No hay jainista pobre.
Otra paradoja de la religión que predica y practica
el mayor desprendimiento del mundo... y en la que a
nadie le falta nada. Sigamos con la ceremonia.

El candidato lleva ya vestido blanco. Sé que pertenece a la secta de los *swetámbaras* («blanco-vesti-
do»), y me hace recordar con dolor que la maldición
de las divisiones dentro de una misma religión tampoco ha perdonado a los jainistas. La secta rival es
la de los *digámbaras* («dirección-vestido»), cuyos
monjes van vestidos de «las cuatro direcciones del
viento», es decir, van enteramente desnudos. Radica-
lismo total, desprendiendo absoluto, extremismo jainista, imagen viva de pobreza desnuda que en pura
inocencia adamítica recuerda con su presencia cho-
cante a un mundo sofisticado y suspicaz la sencillez
inicial y el destino final de la raza humana. Jainismo siempre lógico y siempre sorprendente.

Ahora se procede a la tonsura. Algo así nos hacían a nosotros (ignoro si sigue haciéndose), candi-
datos al sacerdocio católico, cuando al principio de
las «órdenes menores» las tijeras del obispo nos cor-
taban a escalones el pelo, que ya desde entonces lle-
varíamos al rape, y luego con la coronilla afeitada
para proclamar nuestra consagración con nuestra mera presencia. La tonsura jainista es, como todo lo
jainista, más radical. El joven vestido de blanco está

de pie en medio de la plataforma central al aire libre donde tiene lugar la ceremonia, y se le acercan cuatro monjes vetéranos. Los monjes rodean al candidato y comienzan a arrancarle a tirones, con las manos, pequeños mechones de pelo de la cabeza que depositan reverentemente en el pañuelo abierto sobre las manos del padre del muchacho. De vez en cuando, se detienen y le frotan la cabeza con polvo de madera de sándalo, que suaviza y desinfecta. El joven sonríe estoico, y yo, al mirar, siento una mezcla de cariño y escalofrío que me estremece con sacra ternura. A partir de hoy, cada seis meses el joven consagrado repetirá la operación, sólo que ya en adelante lo hará con sus propias manos, autodepilación transverberada, renovación de votos corporal, consagración de la cabeza, y en ella de la mente y el pensamiento, a la entrega total. Decididamente, eran más cómodas las tijeras del obispo.

Son cinco los votos que emite el religioso jainista y observa fielmente de por vida. Decir (y vivir) siempre la verdad; no causar injuria ni molestia a nada ni a nadie; no poseer nada; no desear poseer nada; y guardar perfecta castidad. Desde mañana, el joven «votante» vivirá diariamente de limosna. Cada día por la mañana llamará a la puerta de cualquier casa jainista (para que le asegure la pureza de los alimentos legales) y comerá de pie en sus manos abiertas lo que le den..., y hasta el día siguiente. Dormirá encogido, con las rodillas tocando el mentón, para «poseer» el menor trozo de suelo posible. No usará luz de noche, para no atraer a insectos que puedan morir. Sufrirá el frío del invierno y el calor del verano con su vestido único. Confesará abiertamente ante los demás cualquier infracción que de sus reglas cometa.

Queda una ceremonia esencial. El cambio de nombre. Su guru consagrante es quien se lo da al oído en el momento estelar, providencialmente señalado por los astros propicios y cuidadosamente calculado por la astrología, que todo lo preside en la India. El cambio de nombre es y significa el cambio de vida, de conducta, de persona. El nombre será largo y llevará incluida en él la palabra *vijay*, que quiere decir «victoria» y que es de la misma raíz lingüística que la palabra «jainista». Un jainista es un vencedor de sí mismo. El nombre se hace público, y la multitud lo repite al unísono. Ha nacido un monje.

Y ahora el joven monje echa a andar... para no parar nunca más en su vida. Esa es, quizá, la observancia más dura de su vocación. No pasará nunca más de tres días consecutivos en el mismo sitio. Los antiguos monjes cristianos hacían voto de «estabilidad», de permanecer de por vida en un monasterio; pues en contraste, los monjes jainistas añaden a sus cinco votos fundamentales la observancia de la «movilidad», del no tener sitio fijo, del pasar toda la vida andando, caminando, cambiando su efímera residencia de templo en templo, en peregrinación perpetua. Lo hacen por dos razones. Una, para predicarnos con los pies que la vida es toda ella una peregrinación (¿hacia Dios?); y otra, para salvaguardar la pobreza. Por mucho cuidado que ponga el religioso en observar pobreza, las posesiones se acumulan. Yo llevo veinticinco años viviendo en la misma residencia de jesuitas y, si algún día tengo que cambiarme, necesitaré un camión de mudanzas. La residencia fija au-

menta el equipaje. Pero el monje jainista ha de llevar
a cuestas todas sus posesiones, y eso las reduce automáticamente a un mínimo. Y allí se les ve, caminando descalzos en las primeras horas del día, antes de
que el sol de la India haga el asfalto imposible para
sus pies desnudos, con un hatillo ligero al hombro, a
paso rápido por la práctica diaria, precursores del
«footing», campeones de la distancia, profesionales de
la contingencia, siempre adelante, siempre a otra casa, siempre en movimiento para que no se apegue el
corazón a nada. Movilidad heroica que asegura la pureza de vida. Sólo durante la estación de las lluvias
permanecen en un mismo sitio, y ello es porque otra
consideración más importante se antepone a la pobreza. Con las lluvias torrenciales, el aire y el suelo
se llenan de insectos, como sabe muy bien quien haya
vivido en la India esa temporada, y el andar en tal ambiente causaría daño a esos seres mínimos que con mayor cuidado debemos proteger. El voto de no hacer
daño a nadie adquiere preferencia sobre el voto de
pobreza; y mientras duran las lluvias, el monje no
se mueve.

El voto principal del monje, y el mandamiento fundamental del jainismo, es el de no hacer daño a nadie,
la no-violencia, el respeto a la vida. Aquí «vida» (otra
vez la analogía del ser) es concepto «unívoco», es decir, que el mismo valor y dignidad tiene la vida del
hombre, la del animal y aun la de la menor planta;
por eso el mandamiento «no matar» se extiende al
ínfimo insecto o a la brizna de hierba. El monje jainista lleva siempre consigo una escoba blanca, y con
ella barre cualquier sitio donde vaya a sentarse, para
no aplastar distraídamente algún insecto. Respeto a

la vida en todas sus manifestaciones es el primer y
mayor mandamiento jainista. Y aquí viene algo más
curioso todavía, y es que para el jainismo también el
aire y la tierra y las rocas tienen alma, están vivas
con la misma vida que late en todos los seres y que,
si no se manifiesta en una piedra, es sólo porque el
cuerpo de la piedra no posee los órganos del cuerpo
del hombre; no tiene lengua, por ejemplo, y así no
puede hablar; pero la vida es la misma, y hay que res-
petarla con el mismo fervor. Mandamiento cósmico
de alcance de años luz. Religión ecológica por excelencia que proclama adorable a toda la creación, porque toda está viva. Y también aquí el exceso jainista,
que llega a extremos difíciles, por más que lógicos.
Un jainista no puede ser agricultor, pues clavar un
arado en la tierra sería puñalada sangrienta en pecho
vivo; no puede ser médico (más bien no «podría», porque la vida moderna se impone, y jóvenes de talento
desafían el precepto y se hacen médicos excelentes),
porque para ello ha de entrenarse con el bisturí en
animales múltiples, y eso es sacrilegio; no puede viajar en avión (aquí también los seglares lo hacen, los
monjes no), ya que el avión corta cruelmente el viento
con el filo de sus alas y tritura y atormenta al aire
en las sádicas turbinas del reactor. La primera (y única) vez en que un monje jainista quiso montar en
avión para viajar a América en misión religiosa, jóvenes jainistas de Bombay rodearon el reactor para
que no despegase. La comunidad jainista venera a sus
monjes hasta el exceso, pero también se cuida de que
cumplan las reglas. El avión despegó por fin... y el
monje dejó de ser monje. Por cierto, esa es una razón

por la cual el jainismo es tan poco conocido fuera de
la India. El jainismo no viaja.

El monje jainista lleva siempre ante la boca un trapo inmaculadamente blanco que le cuelga de las orejas y le tapa el rostro de nariz para abajo. Se explica
comúnmente a los turistas que observan la extraña
costumbre y preguntan por su significado, que eso lo
hacen por no tragar sin darse cuenta algún insecto
(que sería canibalismo entomológico). No es ésa la
explicación verdadera. No son tan torpes los monjes
jainistas como para ir papando moscas por la calle.
La verdadera explicación es más sutil. El velo ante la
boca lo llevan para no herir al aire con su aliento al
hablar. El aire es un ser vivo, y nuestra pronunciación
(imaginad una «p» explosiva) lo hiere en su delicada
entraña y le hace sufrir. El velo blanco ante la boca
frena el aliento y para el golpe. Es delicadeza francis-
cana para con el hermano aire. Es también irritante
para quien habla con ellos, o por lo menos lo es para
mí, y se lo digo sin ambages. Una vez estaba yo dando
una conferencia a un centenar de religiosas jainistas,
es decir, a un centenar de medios rostros y un centenar de velos blancos ante mí. Cuando hablo, me gusta y me ayuda ver reflejado en los rostros de los oyentes el efecto de mis palabras, y aquí sólo veía el espe-
jo roto de los medios rostros. Les dije: «Quiero pasar un buen rato con ustedes, y no he de parar hasta
que se les salga la sonrisa del trapo». Se rieron de tan
buena gana que yo caí en la cuenta de que, cuando
una persona sonríe de veras, no son sólo los labios,
sino es todo el rostro el que sonríe, y sus ojos, sus ce-
jas, sus frentes se dilataban en explosión sincera de
alegría de persona a persona. Pasé un rato estupendo

con aquellas monjas magníficas. Eso sí, ninguna se descolgó el trapo de las orejas, fieles todas ellas a su modestia monacal.

Me voy a permitir aquí el salto cultural de una anécdota distinta para resaltar contrastes. Una vez, en Madrid, estaba dando yo otra conferencia a otro grupo de religiosas, católicas éstas y españolas y sin velo ante la boca, y les hablaba precisamente de sus hermanas lejanas y desconocidas, las religiosas jainistas de la India, y de la vida tan pura y mortificada que llevan, aunque no creen en Dios. Cuando yo creía haberme explicado bien, una religiosa apenada me preguntó: «Padre, esas religiosas no creen en Dios; pero... al menos creerán en la Virgen, ¿no?» Al ecumenismo entre religión y religión aún le queda un largo camino por recorrer.

Todos estos votos, mandamientos y costumbres del jainismo nacen de una sola raíz común y profunda: el principio del *karma*. La palabra ha pasado a través del hinduismo y el ocultismo a las lenguas de Occidente, donde se usa con variada fortuna; pero el origen y la práctica, como siempre extremada, del principio que entraña se encuentran en el jainismo. En sánscrito, «karma» quiere decir «acción», y la ley del karma es sencillamente que lo que uno sufre o disfruta en cada momento está determinado por sus acciones anteriores en esta vida y en las que la precedieron, según la creencia universal en la reencarnación. La idea general es que «el que la hace, la paga», pero no sólo de una manera general y lejana, sino concreta, determinada y metafísicamente inevitable. El universo entero es como un inmenso mecanismo de relojería en el que se inscriben las acciones todas de todos

los seres, y a su tiempo el mecanismo inexorable va
colocando a cada uno en la circunstancia de placer o
dolor que su conducta previa determina. Todo esto
sin intervención de un Dios justiciero y misericordio-
so que juzgue y perdone, premie o castigue, sino por
el equilibrio intrínseco del universo mismo, que llena
automáticamente, por así decirlo, vacíos morales con
retribución penal.

Después de vivir largos años en la India se llega a
sentir la fuerza del principio del karma, presente siempre en toda actitud y en toda circunstancia, y a caer
en la cuenta de que sin él no se puede entender al
Oriente. Voy a intentar explicarme y comunicar, en
cuanto me sea posible, ese sentimiento a lectores cristianos que quieran saber cómo reacciona media humanidad ante problemas que a todos nos afectan. En
una misma familia, sana y piadosa, ha nacido un niño
ciego y otro sin defecto alguno. ¿Cómo explicar esa
desigualdad? ¿Qué dice la piedad cristiana al mirar a
ese recién nacido que podrá vivir, sí, una vida larga,
pero nunca verá la luz del sol ni el rostro de su madre? Acata la voluntad suprema de Dios y sus juicios
inescrutables en repartir libremente sus dones, y se
somete a sus designios con la esperanza de que tanto
el niño que ha nacido con vista como el que ha nacido sin ella pueden ser felices (hay invidentes que lo
son, y videntes que no lo son), y ambos pueden llegar
a ver a Dios, que es la suprema felicidad. Es actitud
digna y profunda, llena de fe y de reverencia ante el
supremo dominio de Dios. Pero, por otro lado, es sa-
ludable caer en la cuenta de que nadie en el mundo
acepta esa actitud, fuera de cristianos, judíos y mahometanos —y aún queda mucho mundo fuera de noso-

tros. Para cualquier indio es sencillamente impensable el que Dios, por pura y libre voluntad suya, pudiera crear a un niño con vista y a otro sin ella. Eso sería una injusticia radical, un capricho intolerable, un proceder del todo indigno de Dios. La desigualdad al nacer es una realidad innegable y aún más llamativa en la India por lo inmenso de su población y los contrastes de su vida. ¿Por qué nace un niño pobre y otro rico? ¿Por qué nace uno fuerte y otro débil? ¿Por qué —suprema y agonizante pregunta en el país de las castas que determinan, aun hoy en día, todo el futuro de un hombre más que ningún otro factor—, por qué uno nace bramán y otro intocable?

No se le puede manchar a Dios con esa culpa. No se puede arrojar sobre Dios la responsabilidad de esa elección inicial que favorece a uno y aplasta al otro ya desde el seno materno. Hay que encontrar una causa, una razón que explique la diferencia y exonere a Dios de la veleidad creacional de marcar a un niño para la abundancia y a otro para el dolor desde antes de nacer. Y esa razón es la ley del karma. Las circunstancias del nacimiento en esta vida vienen determinadas por la conducta de la persona en su vida anterior. No es Dios quien decide, sino la persona misma con su conducta previa. Este niño nace ciego porque abusó de su vista en la vida anterior; nace intocable porque fue orgulloso en su vida anterior (estoy citando las escrituras jainistas); nace manco porque fue ladrón; nace mudo porque mintió en juicio. Nos da pena el niño, pero en el pecado llevaba la penitencia, y él lo sabía. Hizo el mal en su vida anterior, y tiene que pagarlo en ésta, eso es todo. Con eso se explica la desigualdad al nacer y todas las calamidades subsi-

guientes en toda la vida. ¿Por qué me ha pasado esto?
¿Por qué me ha sobrevenido este dolor? Porque tengo cuentas atrasadas conmigo mismo. Hay que saldar
las cuentas de la conducta. Es penoso, para mí y para
todos; pero al menos es claro y justo, y respeta la
santidad de Dios. Es el karma el que explica la vida.
Por eso en la India está siempre en labios de todos.
En frase de mi mejor profesor de teología dogmática
en Poona, «el karma es la ley de la congruencia metafísica del universo».

Una imagen. Estoy con una familia jainista que
acaba de sufrir una desgracia. El hijo menor, un niño
encantador de apenas cinco años, ha tenido un ataque
de parálisis infantil y quedará tullido para toda la vida. Su madre me dice en su presencia: «¡Pobre hijo
mío! ¡Tan bueno y obediente como es! Ya no podrá
andar normal nunca. Y el sufrimiento es tanto para
él como para mí, que soy su madre. Algo habremos
hecho él y yo en nuestra vida pasada que merezca esta
penitencia ahora. En fin, más vale pagar pronto las
deudas, sobre todo las del alma. A llevarlo con resignación, y a consolarnos pensando que así quedamos
libres y limpios para la vida siguiente. Y yo lo querré
ahora más que nunca y lo cuidaré con toda el alma,
¡pobre hijo mío!» Y lo abraza con cariño de madre.
Al ver y sentir la escena, a mí se me ocurre una pregunta: ¿Qué diferencia hay entre la resignación jainista y la resignación cristiana?

Esta creencia visceral en el karma es lo que lleva
en la práctica a la observancia de una moralidad estricta y rigurosa. El jainista, al estar convencido de
que la ley se cumplirá con inevitabilidad matemática
(y en eso se distingue del hindú, para quien Dios, en

su misericordia, puede borrar el karma) y de que, si
en esta vida estafa, será mendigo en la siguiente; si
comete adulterio, enviudará joven; si alberga deseos
indignos, nacerá retrasado mental..., el jainista siente
una motivación firme y convincente para evitar el adulterio y la estafa y todo tipo de conducta menos noble. Y en esto la historia refleja y confirma una vez
más la teología, y la moral responde al dogma: la comunidad jainista, es en pureza de costumbres y recti-
tud de conducta, la más elevada que conozco. Admito
que les falta caridad y les sobra orgullo; pero en pura
limpieza de vida son ejemplares y no tienen rival. El
karma funciona.

Para deshacerse del karma adquirido no hay más
remedio que expiarlo en sus consecuencias. Pero esa
expiación puede abreviarse en la práctica añadiendo
penitencias voluntarias a las que ya nos trae la vida
en sí. Eso ha hecho de los jainistas los especialistas
de la ascética. Y ya no hablo de monjes, sino de hombres y mujeres casados y en familia. El ayuno es el
«hobby» de los jainistas. Describo sólo una variedad
para no eternizarme. Un día de ayuno (no comer nada
en veinticuatro horas), seguido de un día de medio
ayuno (una sola comida al día), seguido de dos días
de ayuno y otro de medio ayuno, tres de ayuno y uno
de medio ayuno... y así hasta ocho de ayuno y uno de
medio ayuno, y luego al revés, siete de ayuno y uno
de medio ayuno... hasta bajar a un día de ayuno, y
descansar hasta el próximo programa. Lo de ocho días
es la meta mínima. Va de ahí para arriba. Otros ayu-
nan días y semanas sin probar bocado en absoluto. Y
todos esos ayunos se saben y se comentan en el vecin-
dario. Cotilleo favorito de las amas de casa. —«¿Te

has enterado? ¡Fulanita ha llegado a catorce días sin comer nada!» —«Pues Menganita dice que esta vez va a por el mes». —«Ya lo veremos». —«Yo, si no estuviera mi marido enfermo, ya veríais lo que podía hacer. Me reservo para el año que viene». Olimpiadas del ayuno, con plusmarcas y premios y medallas. La familia da una fiesta cuando uno de sus miembros acaba con éxito un ayuno largo; se congratula y se carga de guirnaldas al emaciado penitente, y se publica su foto en los periódicos. Yo me sé muy bien todo eso y, con malicia que no me falta, les leo a veces, poniendo cara de inocente, como quien no quiere la cosa, el sermón de la montaña hasta llegar a aquellas palabras de Jesús: «Cuando ayunes, lávate la cara y perfúmate la cabeza, para que no se entere la gente de que has ayunado...», y no les queda más remedio que mirarse unos a otros y reírse. Los he pillado con las manos en la masa.

Me está saliendo este capítulo aún más largo de lo que esperaba, y voy a cortar. Pero no puede faltar en él, por tocar muy de cerca al tema fundamental de este libro, la parábola que el jainismo ha legado al mundo y que se repite ya en todas las literaturas, olvidado a veces su origen. Es la parábola de los ciegos y el elefante. A unos ciegos que no sabían qué era un elefante les pusieron un día junto a uno para que lo palparan con las manos y luego lo describieran cada cual a su manera. Uno dijo: es como una columna; otro: como una pared; otro: como un techo; otro: como una cuerda; otro: como un abanico; otro: como un cuerno; otro: como una manguera. Cada uno según lo que sus manos habían palpado: la pata, el costado, el vientre, el rabo, la oreja, el colmillo,

la trompa. Los ciegos somos nosotros y el elefante
es... ¿? Para completar la parábola yo añado que otro
ciego se quedó palpando el aire y no dijo nada.

Y llega la muerte. El momento de la verdad (con
el tirón que me da la conciencia al emplear una me-
táfora taurina en un capítulo jainista; ¡qué dirían mis
amigos jainistas si se enteraran de que me gustan los
toros!). Si la muerte es testimonio de lo que ha sido
la vida, la muerte en la India (incluyo aquí a hindúes
y jainistas) da fe de la paz de espíritu que sus religiosos proclaman y ayudan a alcanzar. La muerte en
la India es más fácil que en Europa, en el sentido de
que se muere con más naturalidad, con más serenidad,
sin darle tanta importancia al asunto, sin armar tanto
lío ni repicar tantas campanas. En Occidente, cada
persona no tiene más que una vida, una muerte, una
eternidad, un cielo y un infierno por delante, en decisión única y definitiva de una vez para siempre; y
eso pesa mucho a la hora de dar el salto. En la India,
el alma ha ensayado muchas veces el tránsito y se des-
pide con gesto fácil del encuentro breve... ¡hasta la
vista! La fe en la transmigración de las almas suaviza la muerte. Queda el dolor de la separación y cierto
velo de incertidumbre que nunca acaba de disiparse
del todo, pero no aprieta el temor del juicio ni la responsabilidad del trance único. La rueda del karma sigue pausadamente su curso, y le quedan muchas vueltas por dar. Seguirá el ritmo del nacer y el morir. Para un indio el morir es asignatura fácil. Tagore expre-
só la idea en poesía genial: «El niño está tomando el
pecho y... ¡se acaba la leche! Llora el niño creyendo
que se acabó su gozo. Lo nota su madre, y se lo pasa
con suave cariño al otro pecho que está lleno. Eso es

la muerte. Pasar de un pecho a otro de la madre naturaleza... con un breve llorar». Hace poco he visto
morir al padre de mi mejor amigo jainista, y así
murió.

Mahatma Gandhi no era jainista, era hindú; pero
su aya era jainista, y la única persona a quien Gandhi
pidió consejo en sus dudas religiosas cuando sus amigos cristianos de Suráfrica le urgían a considerar la opción cristiana, y él lo hizo con toda seriedad, fue un
santo jainista (caso curioso y casi único, un hindú
«convertido» al jainismo), Kaví Rájchandra, cuyas respuestas por escrito a Gandhi se conservan (¡y qué ganas me entran de citarlas aquí, pero no pega). Gandhi
era del estado del Gujarat, y en este estado (que es el
mío) se siente profundamente la influencia jainista, ya
que, por razones históricas, aquí se han congregado los
jainistas de la India en su mayoría, que es minoría in-
significante en número, pero muy significante por su
fe, su prestigio y su celo. Del jainismo, pues, por esos
canales, aprendió Gandhi la doctrina de la no-violencia,
y con ella consiguió la independencia de la India al son
de la paz. La mayor hazaña histórica de nuestro tiempo, la primera independencia sin guerra de independencia, estuvo inspirada en el jainismo. Y Gandhi siempre afirmó, para consuelo nuestro, que el sermón del
monte de Jesús («...pon la otra mejilla») le había con-
firmado en su fe en la no-violencia que ya había aprendido en las religiones de su país, y cuya primera raíz
está en el jainismo.

Vuelvo, al acabar el capítulo, a mi idea fundamental. La conducta de un grupo religioso refleja su concepto de Dios, y en los jainistas la pureza externa del
no-concepto ha creado la rigidez del deber por el de-

ber, la responsabilidad de cada uno por su propio
karma, la lógica sin paliativos y la entereza ante la
muerte. Moral atea de seca firmeza sin ayudas. De la
experiencia jainista podemos aprender a entender el
ateísmo, a corregir nuestro concepto excesivamente
antropomórfico de Dios, a salvar de las hogueras de
la Inquisición a ateos aparentes que sólo callan por
respeto al misterio, y a no abusar.de la misericordia
de Dios para justificar y hacer posibles los desvaríos
de nuestra propia conducta.

Sé que he sido parcial a favor del jainismo. Al
acortar el ya largo capítulo he omitido precisamente
aspectos negativos, y soy consciente de ello. Quede el
cuadro positivo para provocar más el contraste y la
reacción. Eso puede ayudar a ambos. Al fin y al cabo,
por algo soy yo jainista honorario (tan sólo honorario: me horrorizan sus penitencias)... y católico de
pago.

La fuerza de los monzones

La estación de los monzones, o estación de las lluvias, se llama en la India el «cuatro-meses», porque, en efecto, dura cuatro meses, de julio a octubre en mi región, y separa el verano, cálido y seco, del invierno, templado y seco. No es que esos cuatro meses esté lloviendo todos los días día y noche, sino que lo que haya de llover durante todo el año lo hace en esos meses, y a veces, sí, con una violencia e intensidad que parece que las nubes quieren desquitarse de los ocho meses en que tienen prohibido descargar una sola gota de agua por mucho que la pidan el suelo reseco y la gente sofocada por el calor. La lluvia llega a torrentes, sin avisar, convierte las calles en ríos en cuestión de minutos y se mofa de paraguas e impermeables, haciéndolos inservibles en el torbellino húmedo que lo llena todo, se mete por todo, inunda y empapa todo sin dejar otra defensa que la resignación y el aguante y cambiarse de ropa al llegar a casa... que al menos estará seca si es que uno ha tenido la precaución de dejar todas las ventanas bien cerradas y atrancadas antes de marcharse.

El aguante es virtud nacional en la India, y la gente sabe mojarse con gracia, con estilo, sabe sonreír

bajo la lluvia y andar con la ropa pegada al cuerpo y
el pelo chorreando, casi formando parte ellos mismos
de la naturaleza húmeda en que la tierra entera se re-
vitaliza durante los cuatro meses. Yo en eso no he
llegado a ser indio, y me sigue molestando el mojarme, preocupado además por la superstición occidental de que si me mojo pillaré un catarro. Por eso pro-
curo salir lo menos posible esa temporada, como, según he dicho, hacen los monjes jainistas, aunque por
distintas razones. Pero de todos modos, en los muchos
años en que viví de casa en casa de limosna (en eso
sí que hacía como los monjes jainistas) tenía forzosa-
mente que venir todos los días a las once de la mañana a dar clase en la universidad, y volver a las cinco
de la tarde a la casa en que me alojara aquel día. Lo
hacía en bicicleta, y eso suponía una media hora de
pedalear en medio del tráfico anárquico de hora punta por calles imposibles y semáforos de adorno. A
pesar de todo, a mí me encanta ir en bicicleta, una
de las máquinas más eficientes inventadas por el hombre en relación esfuerzo-rendimiento, sin dependencia
de gasolina ni problemas de aparcamiento, y con vista perfecta de quién viene y quién va por la calle, bas-
tando una mano alzada a punto para saludar a un conocido en la ciudad amiga. Pero en los «cuatro meses» mi querida bicicleta se convertía en un tormento. La lluvia. Quien no haya experimentado qué es pedalear bajo la lluvia, que lo pruebe. La cortina de agua
implacable, la calle inundada que no deja ver los ho-
yos en el pavimento, la espera inerme en los atascos
de tráfico bajo el baño total, el agua a media rueda
(que más parece estar uno haciendo esquí acuático
que ir a dar clase de matemáticas). Temía yo al cie-

lo en aquellos días, y al acercarse la hora de coger la
bici miraba insistentemente por la ventana a las nubes ceñudas. ¿Lloverá? ¿aguantará?

Entonces recorría yo a la oración. ¡Señor, que no
llueva! Que aguante esta media hora que me va a cos-
tar llegar de esta casa a la universidad. Ya tienes todo
el día y la noche para llover, y tú eres quien regulas
el clima y riges las estaciones. Tú eres Señor de cielo y
tierra, a ti te obedecen las nubes, y ni una gota de
agua cae del cielo sin tu permiso. Tú me ves a mí y
me amas, y cuidas de mí con más cariño, dijiste, que
una madre cuida del hijo de sus entrañas. Si depen-
diese de mi madre que lloviera ahora o no, sabes muy
bien que no llovería. ¿Y vas tú a ser menos? Yo creo
en tus promesas, tengo fe en tu palabra, sé que has
dicho «pedid y recibiréis», y con esa confianza absoluta te pido que no llueva esta media hora y me dejes
llegar seco a clase. Te doy ya las gracias por haberme oído, y me lanzo a la calle con alegría, fiándome de
tu amor y de tu poder. Amén.

Eran los días de mi fervor carismático, y me daba
verdadero gusto emplearme a fondo en la oración de
aquella manera, especialmente en la oración de petición concreta y valiente, que es la medida de la fe y
del compromiso decidido ante Dios. Pedir por la salvación de las almas y el bien de la humanidad está
muy bien; pero, como no se pueden medir los resultados, es una oración blanda y cómoda que no compromete a nada y no hace mella en el alma de quien
reza. Pero pedir con esperanza directa que no llueva
en mi camino la próxima media hora es dar la cara
y arriesgarse a poner a prueba la fe y enfrentarse con
las consecuencias que se sabrán bien pronto. Para mí

la oración comprometida era tal gozo que me alegraba tener esa ocasión diaria para practicarla, y a ella me entregaba sin restricciones. Incluso si llovía a torrentes por la mañana, me atrevía a pedir que parase para cuando llegara mi hora de salir. Si el poder de Dios no tiene límites, ¿por qué ha de tenerlos mi fe en él? Y volvía a templar mi fe en el crisol de la petición. La estación de las lluvias se convertía en estación de gracias y fervor.

Más de una vez me ocurrió salir con un cielo negro de amenazas, efectuar mi recorrido al borde del sobresalto, llegar justo a refugiarme en el portal de la universidad, y en aquel mismo momento, cuando ya estaba yo a cubierto, desatarse la tromba y llenarse el mundo de agua. Y yo sonreía en la firmeza de mi fe. ¡Gracias, Señor! Has detenido a tus nubes como con la mano, mirando cuidadoso el momento en que yo estaba a salvo y retirando entonces tus dedos protectores para que sigan su curso los monzones. ¡Qué alegría da ver tu poder y sentir tu cariño en la realidad tangible de las vicisitudes diarias! Ni un pelo de nuestras cabezas cae sin ordenarlo tú, y ni una gota de agua abandona las nubes sin tu permiso. Eres Señor y eres Padre, y es un gozo vivir en tu casa y bajo tu protección. Si tienes cuidado de que no me moje hoy, ¡cuánto más tendrás de que no se lastime mi alma y sufra yo en mi persona los males del espíritu ahora y para siempre! ¡Bendita la lluvia que así hace verdear mi fe!

No siempre sucedía así. A veces me mojaba solemnemente y llegaba hecho una sopa al pórtico ya inútil. Entonces redoblaba mi esfuerzo impetratorio, y pensaba y decía: Me he mojado, Señor, a pesar de mi oración y mi fe; pero acepto la lluvia de tu mano, respeto tus juicios y admito que, aunque yo no entiendo tu proceder, responde en los misterios de tu providencia a mis oraciones ardientes, y lo que haces lo haces por mi bien, y así te doy las gracias, húmedas esta vez, con el mismo fervor que si hubiera llegado seco. Y mañana volveré a rezar ante las nubes como si no me hubiera mojado hoy. Alabado seas para siempre.

Así seguían mis reflexiones, y así seguían los cuatro meses. Todo iba bien, ya que, llegase seco o mojado, siempre encontraba la manera de justificar a Dios y robustecer mi fe. Pero también era un hecho que la incidencia oración-remojón traía una cierta tensión a mi espíritu, tensión que aumentaba secretamente al repetirse las mojaduras inevitablemente, pues cuatro meses son muchos días, y los monzones son vientos húmedos. Es fácil reaccionar las primeras veces y salir triunfante del desengaño; pero, a la larga, la misma honestidad se impone y la acción de gracias con la ropa empapada y los huesos calados se hacía más difícil. La tensión, que yo me ocultaba a mí mismo y no quería reconocer, aumentaba peligrosamente bajo la lluvia.

Un día estaba yo a punto de llegar sano y salvo con el cantar de alabanza en los labios cuando, en el último momento, reventaron las nubes, se desató el temporal y me pilló de lleno antes de llegar a puerto. Se me escapó la queja: «Señor, ¿no podías haber esperado un minuto?» Y al día siguiente pasó lo mismo. Ya era demasiado. No podía seguir fingiéndole a Dios ni a mí mismo. Fue aumentando en mí el resentimiento oculto y la frustración ante mis propios esfuerzos para reconciliar mi oración con los hechos innegables. Al fin, un día, después de una experiencia similar, sequé y limpié como pude mi bicicleta, me fui a la capilla todavía chorreando agua y, con gran paz y serenidad, le dije al Señor: «Mi relación contigo me importa más que el mojarme o no, y veo que mis esfuerzos de oración están poniendo en peligro esa relación, en vez de estrecharla como yo esperaba. No puedo luchar contra la realidad y decirte que estoy encantado y te doy las gracias, cuando te he rogado que me dejes llegar sin mojarme y llego hecho una sopa. Me conoces bien y sabes que no me gusta ser artificial y decir lo que no siento. Vamos a acabar con esto, y nos irá mejor a los dos. Desde este momento y para siempre te libero de cualquier obligación que tengas de escuchar mis oraciones por tus promesas, por claras y repetidas que sean en tu propio evangelio; de modo que quedas en libertad total de obrar conmigo como mejor te parezca en cada momento. Deja actuar a los monzones como si yo no existiera, y no te peocupes de cambiar la meteorología por mi causa. Y lo mismo vale de cualquier otra circunstancia en mi vida. Deseo que actúes conmigo con toda libertad y sin restricciones de ninguna clase, y no te creas obligado a responder a lo que yo piense o espere de ti. Ahora bien, entiendo que también yo quedo en libertad de portarme contigo como yo juzgue mejor en cada caso, aunque mi conducta no responda a los requerimientos oficiales que de ti vienen. Y tan amigos como antes».

Fue un gesto tan natural y espontáneo que a mí mismo me pilló por sorpresa. Pero la paz que me trajo desde el primer momento y el aumento de intimidad con Dios que se siguió me indicaron sobradamente que el gesto había sido auténtico y profundo. Había de tener enorme influencia en mi vida, y por eso lo he descrito en detalle. El primer efecto que tuvo fue el de reconciliarme con los monzones. Hasta entonces había yo temido la lluvia y odiado el mojarme. Ahora me importa menos. Y entendí por qué. Antes la lluvia me traía dos males: el remojón y, mucho peor, el resentimiento contra Dios, que había prometido oírme y no lo había hecho; resentimiento que era tanto más peligroso y dañino cuanto que yo no lo quería reconocer y lo tapaba con forzados aleluyas. Ahora seguía mojándome lo mismo que antes, ya que las nubes seguían su curso como siempre lo habían hecho; pero era sólo un mal: el mojarme. Ya no había resentimiento y, al no haberlo, la misma mojadura resultaba más tolerable; todo se reducía a secarme y cambiarme de ropa, sin las contorsiones místicas de antes para justificar teológicamente el remojón. Me mojaba como se moja todo el mundo cuando le agarra la lluvia, y se acabó. Ya no había tragedia en los monzones, sino dejar que la naturaleza cumpliera sus leyes y aceptarlas tranquilamente. Cuatro meses de paz.

Digo que fue gesto espontáneo e inesperado, y es verdad; pero al analizarlo en la calma de los días siguientes comprendí que le había precedido una larga preparación. La preparación inmediata de los días de lluvia, con la marea de sentimientos encontrados que iba subiendo en mí a golpe de nube, la actitud de claridad y sinceridad con Dios que ya regía mis relaciones con él y, más a la larga, ese contacto fecundo con otras maneras de entender a Dios y relacionarme con él en otras religiones, que por eso he descrito en los

capítulos anteriores a éste, ya que son su preparación
y su explicación. Dios no estaba limitado por el concepto que yo había tenido hasta entonces de él (por
bello y verdadero y consolador y ayuda constante que
sí que había sido), y yo estaba preparado ahora a dejarle salirse del molde y enfrentarse conmigo en libertad. Me costó mucha sinceridad y muchos remojo-
nes, pero la ganancia era trascendental. Todo lo que
sea ganar en profundidad y verdad y libertad en el
trato con Dios es ganar en el sentido y la fruición más
real de la vida, llámese ello autorrealización o gloria
de Dios, que todo es uno si se sabe entender. Nunca
había tenido yo una experiencia como ésa.

Entendámoslo bien: no es que yo liberase a Dios
de sus promesas, sino que me había liberado a mí mismo de la imagen del Dios limitado por sus promesas.
Esa era la conquista. Yo estaba aferrado a una imagen que me había acompañado y sostenido durante
media vida, y el dejar ahora que esa imagen diera paso a otra más amplia y distinta era avance espiritual
para mí. Y tanto más consolador cuanto que el avance
era en dirección a una mayor libertad (y, por tanto
soberanía) de Dios y a una mayor confianza (y, por
consiguiente, intimidad) mía con él. Dejar a Dios ser
Dios, dejarle salirse de sus propios cánones y de su
propio evangelio si así lo desea. Dejarle ser totalmente libre, no en sí mismo, que ya lo es eternamente, sino en sus relaciones conmigo, que están ligadas, ata-
das, condicionadas por tradiciones y promesas y mandamientos y modos de entenderlos yo que limitan mi
modo de ver a Dios y, en consecuencia, mi modo de
portarme con él. Todas esas reglas y determinaciones
son legítimas y dignas de todo respeto, pero Dios es-

tá por encima de ellas, y reconocerlo es adorarlo. Esa
es la difícil liberación.

Y al reconocer en la práctica la libertad suprema
de Dios para conmigo, recibo en respuesta el don gra-
tuito de una mayor libertad en mí para con él. Vuelvo al tema de mi libro: que el concepto que de Dios
tengo influencia mi vida y rige mi conducta (al mismo tiempo que la refleja y es fruto de ella), y así, al
concebir a un Dios más libre en su trato conmigo, yo
mismo alcanzo mayor libertad en mi trato con él. No
es fácil sentirse libre ante Dios. Todos preferimos en
la práctica la seguridad de las reglas y la legalidad de
las instituciones como refugio de nuestra fragilidad
y garantía de perdón y gracia. Y tenemos pleno derecho a ello. Pero el día en que Dios se nos muestra,
aunque sea en la turbulencia de los monzones, y nos
invita a una mayor cercanía que conlleva dejar atrás
trámites legales y fiarse el uno del otro en confianza
mutua, hay que responder a la llamada, dejar atrás
la burocracia espiritual y vivir en libertad.

Romper un molde, sobre todo un molde de tantos
años y de tanta importancia, inaugura una nueva eta-
pa en la vida, pues no se trata precisamente de pasar
de un molde a otro, sino de salir del primero y único
hasta ahora y, al cortar la dependencia de algo que
parecía indispensable y no lo es, abrirse no ya a otro
modelo concreto, sino a una sucesión de ellos, o a un
modelo cambiante, o incluso a ningún modelo, a un
no-modelo, que ya todo es posible cuando se ha su-
primido el monopolio de la primera uniformidad. Dios
tiene sorpresas cuando nosotros estamos dispuestos a
dejarnos ser sorprendidos.

En la India decimos que no hay dos monzones

iguales. Aunque la estación acude a su cita con regularidad cósmica, como acuden las estrellas en el cielo y las mareas en el mar, el comienzo, la violencia, el ritmo, la duración, la despedida son siempre distintos y hacen inconfundible e inolvidable cada estación de los monzones. Para mí hay una que lo fue más que las otras.

«La voz del Señor sobre las aguas,
　el Dios de la gloria ha tronado,
　el Señor sobre las aguas torrenciales.
La voz del Señor es potente,
　la voz del Señor es magnífica,
La voz del Señor descuaja los cedros,
　el Señor descuaja los cedros del Líbano.
El Señor se sienta por encima del aguacero,
　el Señor se sienta como rey eterno.
El Señor da fuerza a su pueblo,
　el Señor bendice a su pueblo con la paz».

(Salmo 29).

El viajero perfecto

Hay quienes no creen en Dios y niegan su existencia. Aunque, al negarla, la afirman a pesar suyo, pues quien se opone a algo afirma implícitamente que ese algo existe. El «ateísmo militante» es una profesión de fe. Nadie lucha contra lo que no existe. Hay quienes sinceramente declaran que no saben si Dios existe o no, es decir, se hacen la pregunta, pero no encuentran razones suficientes para decidirse por una respuesta o por la otra, y aceptan su ignorancia personal con genuino agnosticismo. Y hay, finalmente, quienes no se hacen la pregunta, sino que sencillamente prescinden de la cuestión en su pensamiento y en sus vidas. En esa línea se coloca el budismo; y puedo hablar también de él desde la India como herencia de familia, porque aquí es donde nació y porque desde aquí ha influenciado mucho mi pensamiento.

A Buda le angustia tanto el problema del dolor, le urge tanto la compasión por todos los seres vivientes, que no puede pararse a formular preguntas filosóficas ni, menos aún, a discutirlas, como hacían los sacerdotes brahmanes de sus días, en pleno abuso y decadencia escolástica, y contra los que él reaccionó. Por eso prescinde de teorías y se lanza a la acción. La parábola clave de su enseñanza es la del caminante herido por una flecha en la selva. Lo encuentran un grupo de viajeros y empiezan a hacerse preguntas. ¿De qué dirección vino la flecha? ¿Quién la ha disparado?. ¿De qué color es? ¿De qué clase de madera está hecha?... Hasta que alguien en el grupo ve la urgencia y exclama: «Pero ¿no veis que se está desangrando? Pronto, dejaros de preguntas, sacadle la flecha, restañad la sangre y vendadle la herida para que pueda vivir».

La herida, según Buda, es el deseo inmoderado, la sed ardiente en palabra agudamente sánscrita («*trishaná*»), la ansiedad de vivir y gozar y triunfar. La ansiedad es hija del futuro, es el desequilibrio entre lo que se tiene y lo que se quiere tener, es la prisa por acabar hoy con la incertidumbre de mañana. La solución está en neutralizar el mañana, y a eso se dirige Buda. En su sistema resulta lógico. Al prescindir de Dios, Buda desarma el futuro y se entrega sin reservas al presente. Ese es el gran hallazgo del budismo, el descubrimiento del momento presente. No hay escape hacia el futuro ni proyección al infinito. No hay planes que cumplir ni mundos que redimir. La salvación es hoy, y el cielo está aquí. Haz lo que haces y sé lo que eres momento a momento. No es que se niegue un plan, un futuro, una esperanza, dependientes todos ellos de un Ser supremo que dirija el mundo, sino que se prescinde de todo eso y se encuentra la vida en lo que es y en lo que veo y en el instante que estoy viviendo aquí y ahora. De ahí viene también el pragmatismo moral de Buda que se plasma en la «vía media», lejos, por un lado, de las austeridades del jainismo (que él mismo practicó al principio y abandonó después) y, por el otro, de la caza de placeres que lleva a la frustración y al dolor. Moderación en todo, que engendra la tranquilidad y la calma en todo. Buda es el profeta de la paz, y cualquiera de sus imágenes la irradia y la comunica, aun hoy en día, a quien sepa mirarla con el espíritu con que está hecha.

Cuando estudiaba yo teología en Poona, que cae cerca (dentro de lo que son las distancias en la inmensa India) de las «catedrales» del budismo de Ayanta y Elora, pedí a mis superiores permiso para visitarlas, y se me negó. Sólo muchos años más tarde conseguí la revancha y pasé un día entero en el santuario, solemne y recogido, del budismo de todos los tiempos. El lugar insólito, el semicírculo natural del paisaje, las cuevas inmensas, las imágenes repetidas, la sonrisa en piedra, la paz casi física, que se mete por todos los sentidos a un tiempo, de un entorno que es templo y es naturaleza, me hicieron vivir por unas horas consagradas el espíritu bienhechor del príncipe hecho profeta, y me dejaron marcada el alma con su ecuanimidad y su paz. Hay una imagen de Buda, ante la que pasé el mayor rato de mi contemplación turística, que, dentro de la inmovilidad eterna de la piedra, parece sonreír cuando se la mira de un lado, fruncir el ceño si se la mira del otro, y bendecir en paz si se la mira de frente. Símbolo escultórico de la inmovilidad del espíritu ante las vicisitudes de la vida cuando el alma está serena en sí misma, anclada en el presente y firme en su aceptar la realidad mientras reconoce y refleja la veleidad pasajera de los humores de la mente. Allí queda la roca, y allí queda Ayanta en mi memoria y en la India para siempre.

En Elora vi los seminarios donde se formaban los

jóvenes aspirantes a monjes budistas. El lecho y la almohada de piedra con el asiento para el estudio, todo ello tallado en un solo bloque en la montaña, celda a celda, como ingente colmena roqueña; el tablero de anuncios que regía la vida cotidiana; el patio de recreo; la sala de reuniones; el templo adyacente... Entendí, ante la fuerza granítica de aquella ruina, el ímpetu grandioso que impulsó al budismo hacia las fronteras de la India, e hizo de Shri Lanka, de Birmania, de la China y del Japón sedes permanentes del budismo en todas sus ramas. Lo que nunca he entendido (y creo que nadie lo sabe, aunque por eso mismo se han dado mil explicaciones contradictorias) es por qué el budismo desapareció de la India. Se marcharon los monjes, emigraron las creencias, se reafirmó el hinduismo y se cerraron otra vez sus filas sobre el incidente histórico, que en la India fue una victoria de los bramanes, y en el mundo entero pasó a ser un capítulo esencial de su historia. Expansión misionera que llevó el budismo a todo el Oriente y lo hizo parte de la sabiduría china y del milagro japonés. Y de allí, ya en nuestros días, saltó a Occidente, donde ha abierto centros, multiplicado literatura y cautivado simpatías, en una operación sin precedentes en la historia del pensamiento humano y del sentimiento religioso. Hace cincuenta años, el budismo era en Europa una curiosidad de anticuario, como una momia egipcia. Hoy todo el mundo ha leído zen, ha escuchado un haiku y ha visto karate. Y todo eso es budismo.

He leído casi todas las obras de D. T. Suzuki, el callado y humilde profesor que fue el artífice de la conquista budista de Occidente. Con su timidez, su erudición, sus publicaciones, sus charlas y su falta

total de pretensiones, proselitismo o agresividad, fue
el gran misionero anónimo moderno que consiguió para el budismo en Europa y América en el siglo veinte
una aceptación similar a la que Francisco Javier consiguió para el cristianismo en la India y el Japón en
el siglo dieciséis, aunque con actitud y métodos bien
distintos. El libro de Suzuki que más bien me ha hecho es «El Zen y la cultura japonesa», donde muestra
con penetración y tacto que toda la vida japonesa,
desde la ceremonia del té hasta las «llaves» del judo,
está plasmada en el Zen. Y por eso acabo de decir
que el karate es budismo. También lo son el tiro al
arco, la esgrima, el origami, el bonsai, el ikebana, la
pintura, la poesía, la jardinería, la administración por
consenso en los negocios, el teatro «No» y la literatura del koan, los cuentos de monjes y la misma caligrafía diaria.

Tomo este último ejemplo, aunque comienzo por
declarar que hablo sólo de segunda mano, apoyado en
un reportaje de televisión sobre la caligrafía china.
Quizá la fascinación que experimenté compense mi
ignorancia en la materia. El papel de arroz, irregular
y absorbente, la tinta espesa que se seca en seguida, el
pincel ancho y dócil, y los trazos amplios en que la
muñeca y el brazo tienen juego abierto y libre... hacen que correcciones y tachaduras sean imposibles, y
eso confiere a la escritura china su carácter especial.
Cada trazo es resultado único e irrepetible de un gesto fugaz. Es la unicidad del momento presente, que
ha de aprovecharse en su totalidad creadora tal como
es, sin esperar a poder reformarlo en el futuro, pues
no se dará la ocasión. La tinta se seca y el trazo des-
ciende sobre el papel de una vez para siempre en su

perfección... o en su torpeza. Yo, cuando escribo a
máquina, como estoy haciendo ahora, tengo al lado
sobre la mesa goma de borrar, líquido corrector con
su diluyente y cinta blanca adhesiva para tachar, corregir, repetir desde una letra hasta un párrafo entero si hace falta, y por eso escribo con descuido, con
distracciones, con faltas en abundancia; pero luego
las corrijo a placer, y el resultado es una página níti-
da, regular, simétrica, rectangular, en líneas paralelas,
cómodas y prácticas para quien haya de leerlas, pero
sin arte ninguno. La escritura occidental, y más ahora, con máquinas electrónicas que permiten corregir
antes de imprimir, es puro cuadriculado blanco y negro de trazos iguales muy legibles y muy monótonos;
es pura repetición de tipos exactos, todo muy útil, muy
ordenado... y muy 'aburrido. En la escritura china a
pincel, dos caracteres nunca son iguales, aunque los
trace la misma persona, porque cada uno es resultado del momento presente en concentración total y espontaneidad artística que expresa no sólo el sentido
del ideograma, sino el estado de ánimo de quien lo
dibuja con individualidad exclusiva en aquel momento. El culto del presente, la irrepetibilidad del momento actual, el compromiso con la realidad y la entrega
a cada instante sucesivo en la vida que hace de cualquier ocupación una obra de arte, y de una página escrita un cuadro de exposición. Ese es el espíritu del
budismo.

En el arco de entrada del templo Obaku de Kyoto
(que sólo he visto en fotografía) hay una inscripción
en grandes caracteres que es la admiración de cuantos la ven. Cuentan que el maestro Kosen, hace dos-
cientos años, la diseñó sobre el papel, de donde se

esculpió luego en madera. Su discípulo, que era al mismo tiempo su crítico, preparó litros de tinta y varas de papel, y a cada interpretación del maestro respondía: «Mal hecho». «Peor». «Esa tampoco vale». Llevaba ochenta y cuatro intentos cuando el discípulo se ausentó por un instante, y el maestro dijo: «Esta es la mía». Y, libre de la distracción del ojo crítico que quería asegurar la perfección para el futuro, trazó con rápida espontaneidad los rasgos definitivos. Volvió el discípulo-crítico y exclamó: «¡Una obra maestra»! La inscripción dice: «El primer principio».

Yo siempre había creído para mí y defendido ante otros que la fe en Dios es el mejor y, en última instancia, el único consuelo ante el sufrimiento. Por mucho que sufra yo ahora, me sostiene el pensamiento de que Dios me ama y me cuida, no permitirá que sufra más allá de mis fuerzas, da sentido redentor a mis sufrimientos junto con los de Cristo en la cruz, y me llevará con él a la resurrección gloriosa donde me recompensará con creces por todas estas penas. Bendito sea su nombre. Por eso mismo sentía y deploraba la desolación del ateo que no tiene en quién refugiarse cuando le llega el dolor. Eso era tan claro y evidente para mí que me pilló completamente por sorpresa la reflexión de Suzuki, en uno de sus inocentes libros, que, con ese estilo tan neutral suyo, sin asomo de presión o argumentación, sin querer discutir ni convencer a nadie, expresaba sencillamente la convicción contraria, es decir, que la fe en Dios agrava el sufrimiento, y es más duro el sufrir para el creyente que para el ateo: «Malo es tener que sufrir», decía, «pero si encima tenemos que darle las gracias a un Dios bondadoso por enviarnos sufrimientos que no entendemos,

la tensión mental puede hacerse intolerable». Casi el
salmo 54: «Si mi enemigo me maldijese, lo aguanta-
ría; pero ¡que seas tú, amigo de siempre, que te sen-
tabas conmigo a mi mesa...!» Si el dolor me viniera
de un enemigo jurado o de un destino ciego, malo sería, pero sería natural, y podría apretar los puños y
aguantar; pero si viene de un Dios Padre y providen-
te que dice amarme y que tiene todo el mundo en su
mano y podría evitar mi dolor y no lo hace por razones que él se sabe y yo no entiendo... me crea la
doble tensión de sufrir el dolor y sufrir la actitud in-
comprensible de un Dios extraño a quien, encima, he
de seguir alabando cuando menos ganas tengo de hacerlo. No cabe duda de que Oriente tolera el sufrimiento de la vida mejor que Occidente, y ésta es una de
las razones de ese hecho comprobable. No defiendo
con esto el ateísmo; pero sí me dejo impactar por
otros puntos de vista, precisamente porque tengo fe
en el mío, para descubrir así direcciones nuevas de mi
propio desarrollo, de mi entender a Dios y avanzar
en su trato. Para mí es claro que esta reflexión de Suzuki —que yo conocía con antelación, leída al azar en
una de sus obras cuyo nombre ni siquiera recuerdo,
pues había asimilado su contenido sin reparar en la
cita exacta— tuvo mucho que ver con mi reacción a
los monzones del capítulo anterior, pues yo experimen-
taba entonces la doble tensión de que él habla, tensión física del sufrimiento y tensión moral de tener
que ver a Dios en él, y la solucioné a mi manera con
un acercamiento a Dios mayor y distinto, dentro de
mi fe. Si no conozco otros puntos de vista, no puedo
enriquecer el mío.

La misma palabra «Zen» es filológicamente india.

No es más que la pronunciación simplificada, a su manera (primero en labios chinos, *ch'an*, y luego en japoneses, *zen*), de la palabra sánscrita «*dhyan*», que significa atención, concentración, meditación, contacto en profundidad con el momento presente; idea que es fundamental en el yoga indio, de donde pasó al zen chino hasta darle el mismo nombre que lleva. Como otras muchas palabras sánscritas, ha pasado también al uso diario de las vernáculas indias actuales, y la usamos mil veces al día sin prestar atención a su abolengo y a su alcance metafísico. ¡Cuántas veces en mi clase de matemáticas le he gritado yo a un chico o a una chica, distraído en medio de mis doctas explicaciones, que no tenía *dhyan*, que no se fijaba en lo que yo estaba haciendo en la pizarra, que estaba pensando en las musarañas, y que ésa no era la manera de seguir una demostración de matemáticas! Al decir yo eso estaba predicando zen sin saberlo. Esa sola palabra, *dhyan*, es la clave de la conducta sana, del contacto con la realidad, del equilibrio mental, de la liberación del espíritu. Ser lo que se es y hacer lo que se hace en cada momento con interés entregado y alegría consagrada. Eso es el yoga y eso es el zen. Y con eso se resuelven problemas de matemáticas... y de la vida.

De un santo hindú en la India moderna cuentan que de joven, en el colegio, no había problema de geometría que se le resistiese; pero una vez se distrajo y se atascó con uno, y no conseguía resolverlo porque no lograba concentrarse, hasta que recurrió a un método radical. Puso sobre la mesa un despertador para que sonara a una hora determinada, y puso además un cuchillo; y con la firmeza de propósito que todos

le conocían, dijo que, si el despertador sonaba antes
de que resolviese el problema, se quitaría la vida. Así
resolvió el problema de geometría. Y también se cuenta de un monje budista que, después de muchos años
de entrenamiento y esfuerzos, colocó entre sus dedos
una varilla de incienso, la encendió y se sumió en la
contemplación, dispuesto a alcanzar la iluminación o
quemarse la mano. Y el instante mismo en que el fuego llegó a la piel fue el momento de su iluminación.
Estos no son ejemplos a imitar (si es que sucedieron),
sino parábolas de la concentración, de la intensidad,
de la exageración del presente, para inculcar gráfica-
mente el mandamiento básico de prestar atención a
lo que se hace, de no perder el contacto, de vivir cada
momento de la vida sencillamente viviéndolo, y no
distrayéndose con sueños de futuro y estropear lo que
hago con la preocupación de lo que habré de hacer
después. Y esto tanto en el trabajo cotidiano de ganarse la vida como en el permanente de ganarse la
eternidad. Eficiencia profesional y espiritualidad tradicional pueden ambas beneficiarse altamente del zen.

En paradoja que sacude a la mente occidental lo
dice Lin-Yutang, cuyas obras, desde «La emperatriz
Wu» hasta «La sabiduría de Laotzé», pasando por «La
importancia de vivir», también he leído con fruición
y provecho, y donde sonreí de gozo y de sorpresa al
tropezar con esta joya budista: «El buen viajero es
el que no sabe a dónde va; el viajero perfecto no sabe
de dónde viene». Apenas puedo concebir yo actitud
más opuesta a la mía, de toda la vida, de fijar objetivos y determinar ideales, valorar esfuerzos y calcular
riesgos, escoger medios y estudiar tácticas, examinar
el pasado y planear el futuro, preguntar de dónde ven-

go y responder en fe a dónde voy; y, sin embargo, al
leer esas palabras, casi de otro planeta, siento que me
florecen los huesos, que algo muy dentro de mí se re-
gocija irremediablemente, que un eco irresistible se
despierta vibrando en mis entrañas, que una llamada
distinta me invita a explorar otras actitudes y recorrer otros caminos con promesa de aventura y alegría
en horizontes nuevos, que aún queda mucho por aprender y mucho por entender del amplio tesoro de la sabiduría y experiencia de los hombres, y que tengo la
suerte de saberlo y quererlo y lanzarme en caravana
imprevista por las rutas del nuevo pensar. La virtud
del camino no está en la meta, sino en el camino mismo. Cada paso es un verso, y cada huella una rima en
el momento de besar con ella la tierra que me acoge
sin tener que calcular a dónde «va» el romance o a
dónde «lleva» la vida. El poema es bello y se disfruta
en sí mismo verso a verso, sin tener que esperar a la
cadencia última para gozar con la primera. El caminar es válido en sí mismo, y cobra toda su belleza
cuando se le libera de la ansiedad de llegar. ¡Bendita
ignorancia de futuro que revaloriza el presente; bendita inconsciencia viajera que devuelve la alegría del
caminar, la alegría del vivir! ¡Ya he cavilado bastante en mi vida, Señor, ya he cavilado bastante! Toda la
vida se me ha idò en planes y propósitos y esfuerzos
y promesas y luchas y batallas conmigo mismo y mis
pasiones y las del mundo entero soñando y peleando
por la victoria final y la redención del género humano. Permíteme, siquiera un rato, olvidarme de todo
ello y vivir por el vivir, disfrutar del paisaje, sentir mi
propio aliento, oír mis propios pasos, caminar en libertad. Quiero ser budista en la sabiduría práctica de

vivir la totalidad de la vida en la intensidad de cada
instante.

Jesús hablaba en parábolas, y los maestros budistas usan la adivinanza, el acertijo, la paradoja, el *koan*
o el *mondo*, que acallan por un instante la lógica de
la mente para que despierte el sentido íntimo de la
intuición del espíritu. Un cuento zen. Tres ermitaños
vivían juntos en una cueva sin hablar entre ellos. Un
día, un caballo pasó galopando por delante de la cueva, y los tres ermitaños lo vieron. Nadie dijo nada.
Tres meses más tarde, uno de los ermitaños se permi-
tió un comentario y dijo: «Bien bonito era aquel caballo castaño que pasó por aquí el otro día». Pasaron
otros tres meses y el segundo ermitaño habló y dijo:
«Aquel caballo que pasó por aquí no era castaño, sino
bayo». Al cabo de otros tres meses fue el tercer ermitaño quien habló y dijo: «Si vais a estar siempre ri-
ñendo de esa manera, yo me marcho». ¿Por qué me
deleita a mí esta historia, que a primera vista no pasa
de ser un chiste modesto o una imaginación absurda?
Ya sé que el mero preguntar el por qué me saca del
zen y me vuelve a llevar a razones y explicaciones, que
es precisamente lo que se quiere evitar y acallar para
que despierte el sentido interior y se haga por sí misma la luz. Pero mi mente aún funciona y quiere expresarse.

Primero anoto la distanciación del diálogo. Tres
frases que se pronunciarían en un minuto quedan dis-
tanciadas nueve meses (que es ya el tiempo de concepción a nacimiento en el hombre). Eso es reírse del tiempo y demostrar (en demostración que no es silogismo,
sino insinuación) que, así como un minuto puede extenderse a nueve meses, nueve meses pueden reducir-

se a un minuto (y la iluminación puede ser instantánea). Es decir, que así como el presente puede hacerse
futuro (y resulta un chiste), así el futuro puede hacerse presente y, con ello, normal y disfrutable. El zen
sabe salirse de la esclavitud del reloj y del calendario
en beneficio del momento presente. Luego está la des-
proporción entre la leve discrepancia de los dos primeros monjes y la irritada reacción del tercero. Eso
viene a decir que cualquier riña en este mundo es des-
proporcionada, que nunca hay razón para enfadarse
y no hay que tomar las cosas en serio... ni siquiera el
color de un caballo fugaz. Y por fin está el caballo
mismo, rápido y veloz, que ni siquiera deja ver con
certeza su color. El caballo es el «yo» verdadero que
se deja ver momentáneamente y se escapa por la selva de las nociones antes de que podamos ver su verdadero color. Y eso sí que merece la atención de los
ermitaños y romper el silencio y discutir. El yo verdadero es distinto del yo aparente limitado por mi
cuerpo y mis sentidos..., y con eso estamos en el corazón mismo del bautismo. El «yo» individual de mis
memorias, mis facultades, mis percepciones, el «yo»
encerrado en la frontera de mi piel y en el radio de
mis acciones, es pura ilusión. Si no hay futuro, tampoco hay sustrato permanente en mí que prolongue
mi persona de hoy a mañana, es decir, no hay «yo». El
verdadero yo es la realidad total, la conciencia universal, la suma de la existencia actual reflejada en mí en
este momento como el mar en la ola o el sol en un
rayo de luz, sin pretender concretar más, porque ahí
el zen sabiamente se calla y deja paso al único amanecer, que es el despertar callado del ser en el fondo
del alma.

Ese es el sentido profundo de la parábola del caminante herido por la flecha, con la que comencé el capítulo. La flecha es la idea del «yo» que todos llevamos clavada como convicción original y como fuente de todos los males que sufrimos al encerrarnos en la pequeñez de esta existencia transitoria y vulnerable. Arranca la flecha, sal de la estrechez y el aislamiento de tu escueta identidad, encuentra tu verdadero ser y serás libre. Esa es la iluminación que Buda recibió bajo el árbol sagrado en Bodh Gaya, y cuyo camino predicó de inmediato en el Parque de las Gacelas en Sarnath. También lo he visitado, y las gacelas todavía están allí.

Dios es diferente

Cité a su tiempo en este libro las palabras misteriosas de Jesús: «Si yo no me voy, el Espíritu Santo no vendrá a vosotros». Jesús no es, en modo alguno, obstáculo a la venida del Espíritu Santo, pero sí puede serlo el concepto que sus discípulos se han formado de él. Jesús ha sido para ellos un personaje tan concreto que su recuerdo, su figura, su rostro y su voz condicionan y limitan la manera de entender y encontrar a Dios en sus vidas; y para que venga el Espíritu con una experiencia más íntima, más sutil y más arrolladora, han de abrirse a una nueva idea de Dios, han de superar la única imagen a que hasta ahora se habían aferrado. Por eso ha de marcharse Jesús. Es él mismo quien ha de volver en el Espíritu; pero, si no se marcha en una forma, no puede volver en la otra. Dios ha de marcharse para que venga Dios. Ese es el proceso como se forma la Iglesia y se forma el alma cristiana en el mayor conocimiento de Dios y el mejor entender de las cosas divinas.

Y yo me atrevo a proseguir el argumento en lógica trinitaria y pensar que llega un momento en que el Espíritu Santo, después de llenar el alma con sus dones y recrearla con su familiaridad, como Jesús recreó a sus apóstoles con la suya, dice también con todo el amor de su presencia y todo el misterio de su divinidad: «Si yo no me voy, el Padre no vendrá a vosotros». Si imagináis siempre a Dios de la misma manera, por bella y verdadera que sea, no podréis recibir el don de las maneras nuevas que os tiene preparadas. Es decir, que el ciclo continúa, y el Padre también llegará a declarar un día que también él se marcha para que vuelva a venir el Hijo en nuevo entender y nuevo nacer. La misión de las divinas personas es prepararnos para nuevas encarnaciones y nuevos Pentecostés y nuevas revelaciones; y la condición es siempre dejar en libertad a Dios para que transcienda un concepto y ofrezca otro, oculte un rostro para mostrar otro, se aleje un día para volver al otro con un nuevo aspecto de su infinito ser. Si Dios no se va, Dios no puede venir.

Una advertencia importante. Este proceso de entrar y salir, de tomar y dejar, le pertenece a Dios, no al hombre. Al hombre no le toca provocar el cambio o experimentar por su cuenta con distintos «modelos» del espíritu o, más serio aún, con una religión u otra, para poder decir que las conoce todas por dentro y ganar conocimiento por su cuenta. Hay quien ha hecho eso, pero a mí me parece presuntuoso e irreverente. Al hombre no le toca elegir el modo como Dios ha de presentarse a él. La actitud auténtica del hombre es la reverencia, la preparación, la espera, la prontitud a captar un nuevo rayo, a dejarse sorprender, a cambiar cuando Dios le trae el cambio y a permanecer en lo ya aprendido mientras no reciba la invitación a lo nuevo. Aprecio de lo que se tiene, apertura para lo que se puede tener, y desprendimiento y prontitud para responder a la llamada cuando llega. Vivir alerta. Vivir con las ventanas abiertas: abiertas para que entre el Espíritu cuando quiera... y abiertas para que se marche cuando quiera. Con la certeza de que, cuando se marcha, es para volver a venir con nueva luz y nuevo esplendor.

Si no hay que provocar el cambio, tampoco hay que tenerle miedo; al contrario, hay que desearlo, pedirlo y prepararse a él con humildad, generosidad y valor, que todo hace falta para la creciente aventura del espíritu. Es doble nuestra responsabilidad ante el cambio. Por un lado, la grata obligación de conocer mejor a Dios y adentrarnos en su trato, que es la razón de ser de nuestra existencia, el centro de nuestros anhelos y la meta de nuestros esfuerzos. Y por otro lado, el deber permanente de ayudar a otros a que entiendan mejor a Dios, a enriquecer su oración y salvar su fe; lo cual nos lleva a conocer cuantos más aspectos podamos de Dios para proponer después el más adecuado a cada persona y a cada situación. Dios es la asignatura de nuestra vida, y hemos de conocerla bien si queremos enseñarla dignamente a otros.

He dicho al principio del libro que, en el fondo, éste es un libro contra el ateísmo, y creo que la idea queda clara ahora. El ateo, al rechazar a Dios, lo que rechaza es la imagen que él se ha formado de Dios, y es posible que, si hubiera sabido a tiempo que había otras imágenes y las hubiera aceptado y vivido de antemano, no habría llegado a la negación. Es fácil descartar el ídolo que uno se ha fabricado cuando deja de funcionar. «Yo tampoco creo en el dios en que los ateos no creen», declaró certeramente el patriarca Máximo IV en el Vaticano II. El mejor servicio que podemos prestar al hombre de hoy es ampliar su concepto de Dios. Y sin llegar a la profesión del ateísmo, he visto crisis en la vida de fe de religiosos y religiosas que venían precisamente del concepto de Dios con el que vivían desde siempre y que, en frase clara y respetuosa, se les había quedado pequeño y les resultaba incómodo y molesto como un traje estrecho del que no podían despojarse, porque no tenían otro ni creían que pudiera existir. Toda crisis de fe es crisis del concepto de Dios, y por eso enriquecer ese concepto es robustecer la fe.

Recibí una vez una carta desgarradora de un amigo lejano. La carta era un gemido por la muerte de su única hija. Pequeña y encantadora hija a quien él adoraba y que con su llegada al mundo había cambiado la vida de su padre, llenándola de ilusión y de luz. Yo había jugado con ella y participaba en el cariño por aquel ser tierno y transparente que parecía hecho para difundir alegría con sólo su menuda y traviesa presencia. Había enfermado, vino el médico, no pareció nada serio, empeoró rápidamente y se fue para siempre. La carta contaba el dolor, pasaba después a la reacción que en él había provocado. Se fue, decía, al pequeño altar que tenía en su casa y ante el que ofrecía incienso y oraciones cada mañana al comenzar el día, tomó la imagen que presidía a las demás divinidades en el altar doméstico y que había sido testigo y objeto aquellos últimos días de sus peticiones fervientes por la salud de su hija, la levantó violentamente en el aire, la estrelló contra el suelo y la hizo añicos. Había acabado con Dios, decía, como Dios había acabado con su hija.

Respeté su dolor y sus lágrimas. Le contesté de amigo a amigo, de corazón a corazón. Nada de frases hechas, de actitud estudiada de representante oficial de Dios consolando paternalmente a un fiel afligido con fórmulas piadosas. Sólo reflejar su dolor y expresar el mío. Y como parte de la sinceridad que me exigía yo a mí mismo al escribirle, quise exponer mi convicción sin discutir la suya, y añadí suavemente una frase que abría el futuro sin eludir el presente: «Pienso que la imagen que has roto no era la imagen de Dios, sino la imagen que tú te habías formado de Dios. Quizá se ha roto porque había de romperse para hacer sitio algún día a otra imagen más digna de él». Aquí el consejo había llegado tarde y el daño ya estaba hecho: una imagen y un corazón rotos. Pero la lección, si no para él sí ciertamente para mí, quedaba marcada y urgente en mi alma, y es que hay que abrir la idea de Dios en la mente de los que creen en él, para que crean mejor y puedan salvar las crisis inevitables a que los llevará la vida y la lucha y el dolor. Muchas ruinas sagradas se evitarían si la imagen se hubiera renovado a tiempo.

Tres veces a lo largo de este libro he usado una frase que le ha dado título y que vuelvo a repetir para terminar: hay que dejar a Dios ser Dios. Ese es el acto supremo de adoración, de acatamiento y de fe. Dejarle que se presente como desee, que cambie, que sorprenda, que sea lo que quiera ser y actúe como quiera actuar; y si su conducta no encaja en nuestros moldes, estar dispuestos a cambiar los moldes, y nunca rechazar su imagen porque no se ajuste a nuestras exigencias.

De España se dijo en los años en que comenzó a afluir el turismo internacional: España es diferente. A Dios le cuadra aún mucho mejor la frase. Dios es diferente. No sólo es diferente de todo y de todos, como un país lo puede ser de otros países, sino que es diferente de sí mismo, y ahí está la entraña de su divinidad. Dios es diferente de Dios; la infinitud de Dios ofrece siempre ante la limitación del hombre un aspecto distinto, una luz nueva, un rostro idéntico, y en esa suprema libertad y variedad está la esencia de su ser y la soberanía de su majestad. Dios es diferente, y hay que dejar que lo sea para gloria suya y provecho nuestro. En nuestro mundo está cambiando todo, y generaciones enteras de fieles creyentes piden a gritos maneras nuevas de entender a Dios y de vivir la fe, como hay religiosos que piden maneras más actuales de entender sus votos y vivir su consagración, y hay que dárselas para salvar a la civilización y redimir de nuevo a la humanidad. Y todo ese nuevo entender depende del mejor entender a Dios. El concepto que cada edad se forma de Dios es la clave de su destino. Si queremos servir a nuestro tiempo, aprendamos a vivir nosotros mismos ese concepto inagotable en plenitud mayor.

Concluyo con el poema oportuno de un indio amigo, Karsandas Manek:

«Sacerdote del templo de Dios... quienquiera que seas,
    abre las ventanas de tu templo
    para que entren los vientos de la gracia,
    para que corran las brisas del espíritu,

para que venga Dios.
Pon sobre el altar de tu templo la imagen que prefieras,
   recita tus oraciones favoritas,
   sigue tu ritual tradicional;
pero deja abiertas las ventanas de tu alma
   para que venga Dios».

Colección EL POZO DE SIQUEM

EDITORIAL SAL TERRAE
Apartado 77 - Santander